WELCOM

君之的手工烘

跟着君之学烘焙

一本教你轻松做西点的魔法书

君之◎著

北京科学技术出版社

图书在版编目（CIP）数据

跟着君之学烘焙/君之著. —北京：北京科学技术出版社，2010.1 (2014.7重印)
ISBN 978-7-5304-4412-2

Ⅰ．①跟… Ⅱ．①君… Ⅲ．①烘焙—糕点加工 Ⅳ．①TS213.2

中国版本图书馆CIP数据核字（2009）第204978号

跟着君之学烘焙

作　　者：君之
责任编辑：张晓燕
责任印制：张良
版式设计：耀午书装
出 版 人：曾庆宇
出版发行：北京科学技术出版社
社　　址：北京西直门南大街16号
邮政编码：100035
电话传真：0086-10-66161951（总编室）
　　　　　0086-10-66113227（发行部）
　　　　　0086-10-66161952（发行部传真）
网　　址：www.bkydw.cn
电子邮箱：bjkjpress@163.com
经　　销：新华书店
印　　制：北京印匠彩色印刷有限公司
开　　本：720mm×1000mm 1/16 印　张：10
版　　次：2010年1月第1版
印　　次：2014年7月第27次印刷
ISBN 978-7-5304-4412-2 / T·599

定价：29.80元

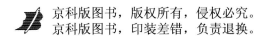

每个人都是烘焙的魔法师

和烘焙的缘分，开始得很自然。多年前无意的一次接触，我从此被这个奇妙的世界吸引。

烘焙，在几年前，对普通人来讲还是个陌生的词儿。那些在蛋糕店里摆放的精美糕点，似乎和家庭制作扯不上关系——以前，我也是这么想的。但是当我真正接触它，我才发现它比我想象的要简单得多。它更像一个魔法师在炫耀他的魔法：简单的面粉、糖、黄油、鸡蛋等配料，通过一定的组合，就变出了不可思议的蛋糕、饼干、面包。

知道吗？当我们把那些普通的原料混合在一起，喊一声："变！"它就变了——真的就这么简单。

烘焙是不需要门槛的爱好。即使你是从没有下过厨的"菜鸟"，只要按照它的配方流程，加上一点点认真，一点点用心，就可以完成一次魔法秀。

而烘焙，却又不仅仅是一次魔法秀那么简单。

曾经有很多很多人跟我说，让他们亲手烘焙的动力都来自爱人、朋友或者孩子。即使是不完美的蛋糕、饼干、面包，因为是自己亲手做的，也会充满了爱的力量。

也曾经有很多很多人跟我说，在忙碌而平凡的生活中，因为那些从烤箱里飘出的蛋糕香味儿，让他们觉得：生活是可以更有意思的。

看，当我们完成一次烘焙的魔法之时，我们也完成了一次生活的魔法：生活，慢慢地变得不那么平凡，不那么普通了，而是充满了新的乐趣，充满了温情，充满了——爱。

我想这也是我这本书的意义。

当初学习烘焙，我走过很多很多的弯路，深知一本好书对于烘焙入门的重要性。所以，当你翻开这本书的时候，我真诚地希望，你能够比当初的我更加幸运，更快地找到那把进入烘焙世界的钥匙。整本书的配方，无论是品种，还是难易程度、分量都为家庭手工烘焙量身打造，每一款配方都配有详细的步骤图，同时在书中穿插由浅入深的理论讲解，适合任何一个想开始手工烘焙之旅的人。

当你将整本书翻完之后，也许你会发现，你手中已经握住了那根神奇的魔术棒——变出的不仅是美味糕点，还有美好的生活。

君之

E-mail:junsmore@163.com
Blog:http://blog.sina.com.cn/junsmore

Part 3
蛋 糕

Part 4

面包

Part 5

派、塔及其他点心

Part 1

烘焙基础

01 烘焙工具介绍

做烘焙，首先要面对的就是选购各种工具。很多人都觉得烘焙所需的工具比较复杂也比较专业，实际上，只要备齐简单的几种工具，已经可以制作很多美味的西点了。

对于工具，我一直的态度是："宁缺毋滥，按需购置"。在家做烘焙，讲究的是一个乐趣，而并不是把厨房变成一个烘焙用具展销会。最好的情况是，当你确定自己确实是想做某一类西点，再去购买相应的模具。当然，那些对工具、模具狂热的发烧者，把收藏当爱好，只要拿到手就算不用也能获得极大满足感的朋友，就另当别论了。

本书介绍的工具，都是烘焙常见的工具，读者可以有一个大概的了解，有些工具非常重要，一定要准备好（如烤箱、厨房秤、量勺等），有些则只需要根据自己的需要选择即可。

圆形切模

　　一套圆形切模，可以切出大小不一的圆形面片。除了这种圆形的，还有菊花形的切模。切模是面团整形的好帮手，在很多场合都会用到。

厨房秤、量勺

　　做烘焙与做中餐不一样，讲究定量，各配料的比例一定要准确，所以一套量勺与一台厨房秤是必备的。量勺一般一套 4 把，其中 1 小勺 =5ml，1 大勺 =15ml。本书所有配方都适用于此标准。

烤　箱

　　烤箱是烘焙的主力，也是不可不备的工具。要烤出美味的西点，选择一台心仪的烤箱是第一步。

　　微波炉无法代替烤箱，它们的加热原理完全不一样。即使是有烧烤功能的微波炉也不行。

　　关于烤箱的选购及使用，本书有专门介绍，请看 14 页。

烤盘、烤网、隔热手柄

　　大部分面包、饼干、蛋糕需要放在烤盘上进行烘焙。烤盘最好配备 2 个，日常使用更为方便（如饼干一般一盘烤不下，有两个烤盘的话，当第一盘在烤的时候就可以准备第二盘了）。烤网不仅可以用来烤鸡翅、肉串，也可以作为面包、蛋糕的冷却架。隔热手柄（或隔热手套）可以防止拿取烤盘 / 烤网的时候被烫伤。一般这几种工具在买烤箱的时候都会配备。

面粉筛

　　用来过筛面粉或者其他粉类原料。面粉过筛不但可以除去面粉内的小面粉颗粒，而且可以让面粉更加膨松，有利于搅拌。如果原料里有可可粉、泡打粉、小苏打等其他粉类，和面粉一起混合过筛，有助于让它们混合更均匀。

烤盘垫纸（锡纸、油纸）

　　烤盘垫纸，用来垫在烤盘上防粘。有时候在烤盘上涂油同样可以起到防粘的效果，但使用垫纸可以免去清洗烤盘的麻烦。油纸比锡纸价格低廉。但锡纸可以在烤肉的时候包裹食物，防止水分流失。烘烤过程中，食物上色后在表面加盖一层锡纸还可以起到防止上色过深的作用。

塑料刮板、橡皮刮刀

　　塑料刮板（上）是小巧却又管用的工具，很多场合下都可以用到。在揉面的时候，粘在案板上的面团可以用它铲下来。它也可以协助我们把整形好的小面团移到烤盘上去。

　　橡皮刮刀（下）是扁平的软质刮刀，适合用于翻拌面糊。在制作戚风蛋糕，将蛋白糊和蛋黄糊混合在一起时，它是最得力的工具。而且在翻拌的同时，它可以紧紧贴在碗壁上，把附着在碗壁的蛋糕糊刮得干干净净。

手动打蛋器及电动打蛋器

　　无论是打发黄油、鸡蛋还是淡奶油，都需要用到打蛋器。一些湿性原料混合在一起的时候，也需要打蛋器。

　　电动打蛋器更方便省力，而且全蛋的打发很困难，必须使用电动打蛋器。但电动打蛋器并不适用于所有场合。比如打发少量的黄油，或者某些不需要打发，只需要把鸡蛋、糖、油混合搅拌的场合，使用手动打蛋器会更加方便快捷。因此两种打蛋器都建议配备。

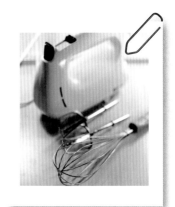

不锈钢盆、玻璃碗

打蛋用的不锈钢盆或大玻璃碗至少准备两个以上，还需要准备一些小碗用来盛放各种原料。

各种布丁模、小蛋糕模

用来制作各种布丁、小蛋糕等。这类小模具款式多样，全都可以根据自己的爱好选择购买。

蛋糕圆模

如果不做蛋糕，不算真正做过烘焙。8寸或6寸蛋糕圆模至少要有一个。购买活底模会更容易脱模，要制作戚风蛋糕的话,不要购买不粘的蛋糕模。

案板、擀面杖

这两样东西都不用介绍了。不过需要补充一句：制作面食，更推荐使用非木质的案板。如金属、塑料案板。和木质案板比起来，它们更不易粘，而且不易滋生细菌，容易清洁。

裱花嘴、裱花袋

可以用来裱花。做曲奇、泡芙的时候，也可以用它们来挤出花色面糊。不同的裱花嘴可以挤出不同的花型，可以根据需要购买单个的裱花嘴，也可以购买一整套。

蛋糕抹刀

制作裱花蛋糕的时候，用来抹平蛋糕上的淡奶油。

量杯

和量勺一样，量杯也是用来量取定量原料的工具。

裱花转台

制作裱花蛋糕的工具。将蛋糕置于转台上可以方便淡奶油的抹平及裱花的进行。

毛刷

很多点心与面包为了上色漂亮，都需要在烤焙之前在表层刷一层刷液。毛刷在这个时候就派上用场了。

塔模、派盘

制作派、塔类点心的必要工具。塔模、派盘规格很多，有不同的大小、深浅、花边，可以根据需要购买。

各种款式的蛋糕纸杯

用来制作麦芬蛋糕，也可以制作其他的纸杯蛋糕。有很多种大小和花色可供选择，可以根据自己的爱好来购买。

各种刀具

✦ 粗锯齿刀用来切吐司，细锯齿刀用来切蛋糕，一般的中片刀可以用来分割面团，小抹刀用来涂馅料和果酱，水果刀用来处理各种作为烘焙原料的新鲜水果　总之根据不同的需要，选购不同的刀具。当然，你也可以不这么多讲究，一把刀走遍天下哈。

吐司模

✦ 如果你要制作吐司，它是必备工具。家庭制作建议购买450g规格的吐司模，最为常用。

✦ 吐司模有带盖和不带盖的区别。不带盖的吐司模用来烤制山形吐司，带盖的吐司模用来烤制方形吐司。购买一款带盖吐司模即可，使用的时候可以视情况加盖或者不加盖。

面包机

✦ 家庭制作面包，揉面是个体力活儿。所以有很多朋友选择了面包机。面包机自动程序直接烘烤出来的面包只有一种形状，变化少，口感也无法与烤箱制作的面包相媲美，所以一般烘焙爱好者都忽略它烤面包的功能，只把它当成揉面的工具。

✦ 不过面包机揉面的缺点也很明显。因为功率低，揉面效率低，需要较长的时间才能将面揉好。而且揉面的过程产生的热量散发不出去，长时间揉面会导致面团的温度过高等。用手揉面的话，可以亲手感受到面团的变化过程，更有手工自制面包的乐趣。所以，作为一种辅助工具，面包机可视自身实际情况决定是否购买。

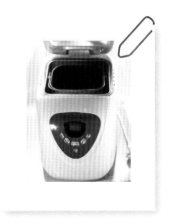

②② 烤箱选购及使用指南

◥ 烤箱的选购

做烘焙，烤箱是必不可少的工具。市场上的烤箱种类非常多，从实用的角度，选择一台基本功能齐全的家用型烤箱，就完全可以满足需求。那么，烤箱需要哪些基本功能呢？——有上下两组加热管，并且上下加热管可同时加热，也可以单开上火或者下火加热，能调节温度，具有定时功能，烤箱内部至少分为两层（三层或以上更佳）。

另外还需要注意一点，如果你对烤箱的使用不仅仅停留在烤吐司片、烤鸡翅、烤肉的层面，而是希望能烤出各种丰富多彩的西点，就一定要购买一台容积在 24L 以上的烤箱——最少也要 20L。

◥ 烤箱使用要注意的几个地方

【一】烤箱使用的时候一定要预热。预热是为了让食物在放进烤箱前，烤箱就已经达到所需的温度。如果不经过预热，直接把食物放进去烘焙，此时加热管全力加热，食物会面临受热不均、水分流失、表面容易烤焦等问题，影响品质。

◎ 预热的方法：

将烤箱提前调到指定温度，空烧一会儿，使烤箱的内部温度达到需要的程度。比如烤饼干，配方要求温度为 190℃，在把饼干放进烤箱之前，先将烤箱接通电源，调到 190℃，让烤箱空烧一会儿，当烤箱内部达到 190℃以后再放入饼干进行烘焙。

◎**预热的时间：**

国内的烤箱一般都没有预热指示灯。因此需要注意观察加热管的情况，当加热管由红色转为黑色的时候，就表示预热好了。根据温度、烤箱大小不同，预热的时间也不一样，理论上说，功率越大，体积越小的烤箱预热越快。一般预热需要 5~10 分钟。预热的时间不要过长，如果烤箱空烧时间过长，不仅浪费能源，也会缩短寿命。

【二】国内的家用烤箱目前基本上都不能实现上下管分别调节温度。在遇到要求上下管温度不一样的配方时，例如"烤箱中层，上管 180℃，下管 200℃"，我们可以取它的平均值，即上下管 190℃加热，并把烤盘放在靠下一层。

【三】家用烤箱的温度一般都不会太准，而且一般也不太稳定。所以在根据配方进行烤焙的时候，配方的温度不一定适合你的烤箱。这时就需要我们灵活地调整。如果你按照配方上的要求用 200℃烤 15 分钟，发现饼干糊了，你就该明白，下次应该降低一些温度或缩短点时间了。

【四】烤箱是利用加热管加热的。所以在烤箱内部，靠近加热管的地方与烤箱中心的温度差距非常大。如果烤箱的内部容积比较小，食物在烘焙的时候很容易出现加热不均的现象——靠近内侧的可能快焦了，靠近外侧的却还没有上色，这会不会让你感到很郁闷？

改善加热不均，有几个方法。比如，在烤到中途的时候将烤盘取出，换个方向再放回去；或者将烤盘里的食物换个位置；或者在上色过快的食物表面盖一层锡纸等等。

烤箱越大，加热不均匀的程度越轻。这也是不推荐买小烤箱的原因之一。市面上很多容量 9L、10L 的烤箱，如果用来烤蛋糕或者面包，很难烤出高品质的产品，这类烤箱更适合用来烤面包片或者鸡翅、各种肉类。

03 各种材料的打发

奶油的打发

当我们制作裱花蛋糕、馅料、慕斯蛋糕等的时候，经常会需要打发鲜奶油。

鲜奶油英文名为 cream，又称为忌廉、生奶油。鲜奶油品种很多，有专供烹饪用的，也有专供打发用的，脂肪含量也各有不同。如果用来打发，应该选择可以打发的品种，英文名为 whipping cream。

鲜奶油在冷藏状态下才可以打发。打发鲜奶油之前，需要把鲜奶油冷藏 12 个小时以上。在鲜奶油中加入糖，使用电动打蛋器中速打发即可，如果制作裱花蛋糕，当打发到鲜奶油体积膨松，可以保持花纹的状态时，就可以使用了（上图）。

TIPS：

◆ 鲜奶油是从牛奶中提炼的乳白色浓稠液体，脂肪含量较高。本身是不甜的，打发前需要依据个人口味加入糖。

◆ 鲜奶油只能冷藏保存，切忌冷冻，否则解冻后会出现油水分离的现象。

◆ 除了从牛奶中提炼的动物性鲜奶油以外，还有一种替代品，是通过将植物油部分氢化以后制成的植脂鲜奶油，价格较为便宜，可以冷冻，易保存。现在很多西点店为了节约成本，都在使用这种人工合成的产品。植脂鲜奶油本身是甜的，使用的时候不需要加糖，而且打发以后更为坚挺，易保持花纹，具有一定优势，但口感不如天然的鲜奶油香浓。

黄油的打发

当我们按照配方制作饼干、蛋糕等西点时，经常会看到制作过程里有"将黄油打发"这一步。那么，打发黄油究竟是什么意思呢？黄油又该如何打发呢？

不知道你有没有发现黄油的一个性质：当你不断搅打软化的黄油的时候，黄油会变得越来越膨松，体积渐渐变大，状态变得轻盈。这是因为黄油在搅打的过程中裹入了空气，换一句话说，就是黄油被"打发"了。

黄油只有在软化的状态下才能打发。我们知道，黄油是一种固体油脂。在冷藏的状态下比较坚硬，而在室温下放置一段时间后，黄油会软化。当用手指触摸黄油，可以在黄油上轻松留下一个小坑的时候，就是打发的最佳时候了。千万不要将黄油熔化成液体，液体状态下黄油是无法打发的。

经过打发的黄油和其他材料拌匀以后，烤制过程中，能起到膨松剂的作用，让蛋糕／饼干的体积变大，变得松发。打发黄油，一般是在以下几个场合：制作磅蛋糕（重奶油蛋糕／黄油蛋糕）、乳化法制作麦芬、制作黄油饼干（如曲奇）等。而打发的流程都是一致的：黄油软化——加入糖、盐开始打发——分次加入鸡蛋继续打发。

黄油打发的大致流程：

首先，称取所需重量的黄油，把黄油切成小块，放在碗里软化（图1，图2）。必须软化到可以很轻松地用手把黄油捅一个窟窿的程度。软化的黄油加入糖或糖粉、盐（如果配方里有奶粉也可以在这一步加入），然后用打蛋器低速搅打，直到糖和黄油完全混合。（图3）

用打蛋器低速打发到黄油和糖完全混合以后，可以把打蛋器的速度调到高速，继续搅打3分钟左右。黄油会渐渐变得膨松、轻盈，体积稍变大，颜色也会稍变浅。（图4）

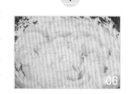

黄油打发后，有的配方可能会要求加入鸡蛋。在黄油中加入鸡蛋也是很重要的一步，这里需要注意，鸡蛋分量较多时，必须分次加入，每一次都要彻底搅打均匀，直到鸡蛋和黄油完全融合才可以再次加入。一般情况下，鸡蛋分三次左右加入就可以了。当鸡蛋的分量少于黄油的1/3时，可以一次性将鸡蛋全部加入黄油里，不需分次加入。（图5）

鸡蛋和黄油必须彻底融合，呈现非常轻盈、均匀、细腻的状态，不出现油水分离，不出现颗粒。（图6）

鸡蛋的打发也是制作西点时的常见操作

　　鸡蛋打发一般分为两种：蛋白打发与全蛋打发。蛋白打发多用于制作戚风类的蛋糕，全蛋的打发多用于制作海绵类的蛋糕。它们打发的原理是一致的，蛋液在不断的搅打过程中裹入了空气，形成大量的小泡泡。随着搅打的进行，裹入的空气越来越多，小泡泡越来越细密，从而使蛋液的体积越来越膨松，最后变为浓稠如奶油般的发泡状态。

蛋白的打发：

　　首先将蛋白与蛋黄分离，盛蛋白的碗注意不能有任何油分和水分。分离鸡蛋的时候务必小心，蛋白中不能混入蛋黄。用打蛋器不断搅打蛋白，当蛋白形成粗泡沫的时候，加入1/3的糖（图1）。继续搅打到蛋白开始变浓稠，呈如图所示的比较密的泡沫时，再加入1/3糖（图2）。再继续搅打，到蛋白比较浓稠，表面出现纹路的时候，加入剩下的1/3糖（图3）。接着继续打一会儿，当提起打蛋器，蛋白能拉出弯曲的尖角的时候，就表示已经到了湿性发泡的程度。如果制作天使蛋糕，打到这个状态就可以停止了（图4）。打到湿性发泡后，继续搅打蛋白，当提起打蛋器的时候，蛋白能拉出一个短小直立的尖角，就表明达到了干性发泡的状态（图5），此时的蛋白适合用来制作戚风蛋糕。

TIPS：

　　蛋白在20℃左右的时候最容易打发。因此如果鸡蛋是从冷藏室拿出来的，可以室温放置等待回温以后再进行打发。不过蛋白的打发比全蛋打发要容易得多，即使是冷藏温度下的蛋白，也是非常容易打发的，所以如果时间比较紧，也可以不等到鸡蛋回温。冷藏状态下的蛋白更容易保持稳定，不易消泡。

　　尽量选用新鲜的鸡蛋来打发。鸡蛋越不新鲜，蛋白的碱性越重，也越难以打发。在打发蛋白的时候，为了中和蛋白的碱性，经常会加入少许塔塔粉，使蛋白更易打发并且更稳定。没有塔塔粉的话，也可以用少许白醋或者柠檬汁代替。

✦ 糖可以增加蛋白的黏性，使蛋白泡沫更加稳定。只有当蛋白里含有一定量糖的时候，才能做出高品质的蛋糕。但是蛋白吸收糖的能力是有限的，如果糖的用量过多，反而会影响蛋白的膨松。因此很多蛋糕的配方里会含有两份糖，一份加入蛋白，另一份加入其他配料里，最后再混合起来。

✦ 打发好的蛋白不要放置太长时间，否则蛋白会消泡。同样，将打发的蛋白与其他材料拌匀以后，也要尽快烘焙，否则也会造成消泡而导致产品塌陷。

全蛋的打发:

　　将全蛋提前从冰箱拿出来回温。把鸡蛋打入打蛋盆。取一个锅，锅里放入热水，把打蛋盆坐在热水里加热，并用打蛋器将鸡蛋打发（图1）。随着不断的搅打，鸡蛋液会渐渐产生稠密的泡沫，变得越来越浓稠（图2）。将鸡蛋打发到提起打蛋器，滴落下来的蛋糊不会马上消失，可以在盆里的蛋糊表面画出清晰的纹路时，就打发好了（图3）。

TIPS:

✦ 和蛋白的打发比起来，全蛋的打发要困难得多。家用打蛋器功率普遍不够高，所以所耗的时间也要长得多，打发的时候需要具有耐心。

✦ 全蛋在40℃左右的时候最容易打发。因此在打发全蛋的时候，将打蛋盆坐在热水里，使蛋液的温度升高，会有利于全蛋的打发，尤其在冬天的时候效果明显。热水的温度不要过高，能使蛋液保持在40℃左右即可。如果温度太高，反而会不利于鸡蛋的打发。

04 烘焙的主要问题解答

☆ 烘焙的工具和原料上哪儿买？

目前烘焙的工具还不普及，一般超市里不容易买到。很多城市都有厨具店及烘焙用品店，可以去这类地方选购。如果你所在的城市没有这种店，可以考虑网购，目前网络购物十分方便，几乎可以买到你想买的任何东西。烘焙的基本原料在一般超市都能买到，某些种类可能需要到精品超市或者大型超市的进口食品货架上去寻找。

☆ 低筋面粉、高筋面粉有什么特点，上哪儿买？

根据面粉蛋白质含量的高低，面粉分为低筋、中筋、高筋。低筋面粉蛋白质含量在 9% 以下，中筋面粉蛋白质含量在 9%~12%，高筋面粉蛋白质含量在 12% 以上。低筋面粉一般用来制作组织疏松、口感松软的蛋糕、饼干等。高筋面粉一般用来制作面包。中筋面粉则是最常见的面粉，常用来制作中式点心、馒头、包子等面食。各类面粉在大型超市里均可以买到，注意查看商品名称，低筋面粉和高筋面粉一般会标明有"低筋"、"高筋"字样。此外，如果买不到低筋面粉，在中筋面粉内掺入 20% 的玉米淀粉，降低面粉筋度，可以用来代替低筋面粉。

☆ 烘焙的时候需要采取什么防粘措施？

不管你是使用烤盘还是各式模具来烤制西点，一般都需要采取防粘措施。在烤盘上垫锡纸或油纸、高温油布都是比较常用的方法。如果是蛋糕、面包模具，可以在模具内部涂抹一层软化的黄油（涂抹上黄油以后，在模具壁上撒一层干面粉，防粘效果更佳）。

使用本身具有防粘特性的模具，可以不采取防粘措施。另外有一些特殊西点烤制的时候不能采取防粘措施，在配方中会有说明。

☆ 西点的配方里经常用到黄油，我可以用植物油代替吗？

黄油是固态油脂，具有可打发的特性，打发的黄油可以起到膨松剂的作用，让蛋糕或饼干的组织膨松。所以，在这类场合下，黄油是不能用液态植物油代替的。当黄油作为单纯的油脂添加进配方的时候，是可以用植物油代替的，比如传统法制作的麦芬蛋糕，无论使用植物油还是黄油都可以。顺便提一句，西点的配方讲究精确，大部分情况下每种配料都各司其职，起到专有的效果。当你对其不了解的时候，最好不要轻易用其他材料代替，否则可能直接影响制作的成败。

当配方里面要用植物油的时候，我可以选择什么油？

最好是浅色并且无味的植物油，如玉米油、大豆油。除非配方特别说明，否则不要使用花生油、橄榄油等有特殊气味的植物油，因为这类油会让西点带有特殊气味，影响口感。

我觉得有些西方制作的比较甜腻，可以少放点糖吗？

每个人的口味不一样，一般西点配方里的糖都可以根据自身口味增减 20%~30%。

我在烤箱，为了节约时间，可不可以一次烤两盘？

家用烤箱在一般的情况下，都非常不推荐一次同时烤两盘糕点。家用烤箱本身受热就不均匀，如果一次烤两盘，只会让这种情况变本加厉。烤盘是具有隔热效果的，在烤箱里同时放入两个烤盘，造成的直接结果是上下两盘西点都无法达到正确的烘焙温度，影响西点的品质。所以，请尽量一盘一盘地烤焙。

为什么我按照配方的时间与温度烘烤西点，但还是烤煳了？

家用烤箱的温度一般都不太准，即使是同一品牌同一型号的烤箱，每台之间的温度情况都不一样。所以配方的时间与温度仅供参考，需要根据实际情况调整。在烘烤的最后阶段，最好在旁边仔细观察西点的上色情况，以保证西点达到合适的烘烤程度。

05 厨房秤和量勺，你准备好了吗？

平日我妈教我做菜，讲究一个信手拈来，油盐酱醋放多少，全凭自己的感觉。所以同样一个菜，即使流程步骤完全一致，也往往各有各的味，而怎么样最好吃，有了经验以后，也许每个人心里都有了一杆秤。

但是西点不一样，准确的称量是做出成功西点的基本前提。这不仅关乎口味，更是关乎成败。配方中的材料，也许稍有变动，就会带来完全不一样的结果。

本书里的各种配方，都是以两种单位来定量，一是"g"，二是"勺"。如果你看到诸如"酵母 1/2 小勺"，"盐 1 小勺"之类的说法时，是否心里在犯嘀咕：我应该怎么才知道我用的材料是多少 g 呢？大勺小勺到底是多少呀？

：买一个厨房秤和一套量勺吧。

厨房秤，可以用来称量各种材料的重量。市面上的厨房秤种类很多，一般最大量程在 1kg 以上的机械秤就可以满足要求，当然，电子秤就更好了。

电子秤的称量结果更为准确，读数直观，而且最小量程能达到 1g 甚至 0.1g，这些优点都是机械秤无法相比的。但它的价格要比机械秤高。

如果是称量少量材料，则量勺更为准确和方便。不同的量勺规格可能略有不同，一般一套有 4 个，从大到小依次 1 大勺、1 小勺、1/2 小勺、1/4 小勺。而有些量勺则还有 1/2 大勺、1/8 小勺的规格，就更为方便了。

：1 大 勺 =1 table spoon=15ml，1 小勺 =1 tea spoon=5ml。1 小勺又称为 1 茶匙。

另外，还有 1 个体积称量的工具是量杯。1 杯 =235ml，在有些西点配方里很常见，但本书里一般不以"杯"为单位。

有朋友问：我使用的电子秤最小量程有 0.1g，可以很准确地称量少量的材料，是不是我就不需要量勺了呢？答案是：不推荐这样做，理由见下：

现在的很多西点配方，都习惯使用勺作为少量材料的标准单位。让我们看看这些材料："1 大勺奶粉"、"1/2 小勺酵母"、"1/4 小勺肉桂粉"、"1/4 小勺柠檬皮屑"……不同的材料比重不同，如果将这些材料转化为以"g"为单位，还必须经过换算，1 大勺奶粉大约是 6.25g，1 大勺玉米粉大约是 12.6g，1 小勺酵母呢？ 1 小勺糖粉呢？当使用电子秤的你还在忙着查找换算公式的时候，这边的我用量勺轻轻一量，就 OK 了。

所以，厨房秤和量勺，烘焙成功前提的双剑客，你，准备好了吗？

饼干制作的几个小贴士

1 饼干的个头一般都不大，所以在烘焙时请特别注意烘焙的时间。有时候往往多烤一两分钟，就可能使整盘饼干烘烤过度。家用烤箱的温度一般会有差距，配方提供的温度和时间仅供参考，在烘焙的最后几分钟，最好守在烤箱旁边，仔细观察饼干的上色程度，一旦烤焙到位，及时取出来。

2 每一盘饼干的大小须尽量保持一致，不同造型的饼干不要在同一盘里烤焙，避免出现部分饼干熟了，部分饼干仍没有熟的情况。为了保证饼干受热均匀，在烤到一半的时候可以把烤盘掉转方向。

3 除非使用硅胶烤盘，一般饼干烤焙的时候都需要铺上烤盘纸(油纸、锡纸等)或烤盘布防粘，并趁饼干没有完全冷却的时候从烤盘纸或烤盘布上取下。

4 大部分的饼干都需要在完全冷却后才会酥脆(软饼干除外)。如果完全冷却后的饼干仍不酥脆，表示烤焙不到位，可以放回烤箱重新烤焙几分钟。饼干完全冷却后，及时放到密封盒内密封保存，避免受潮。

Part 2
饼干

烘焙，从一块饼干开始

　　但凡有刚接触烘焙的朋友问我：什么点心适合初学者制作？我总会回答：从做饼干开始吧。大部分的饼干，都既美味，制作起来又快捷简单。它们还有一个更大的优点，就是耐储存。新鲜烤焙的饼干，冷却后放在保鲜盒里，很长时间内它们都会顽固地保持自己的味道，不会有丝毫的改变。尤其是黄油类饼干，每次打开盒子，扑面而来的黄油香总是令人欲罢不能。此外，饼干也是最能体现手工烘焙特点的西点。一块块极具特色的手工饼干，总是很容易引起人的惊叹。

　　如果你厌倦了外面饼干的添加剂和人工香料味儿，就一起行动起来，加入"手工饼干"的风潮吧。

黄油曲奇
（三种口味）

参考分量
30-35个

做饼干，从最经典的开始

　　黄油曲奇，大概是最经典也最广为流传的一种饼干了。在任何西饼店里，几乎都可以看到它的身影，因为配方、原料的不同，口感千差万别，优秀的配方与高品质的原料，是制作出最美味曲奇的基础。

　　而制作曲奇，也成了很多人饼干制作的第一课。曲奇的制作，注意了要点以后，一点儿也不复杂。就算制作失败，花纹消失了或者造型难看，也照样很可口，不用担心浪费。一步一步地练习，完美的曲奇也会很快出现在你的手中。

香草曲奇

太甜，砂糖—半

低筋面粉 200g，黄油 130g，细砂糖 35g，糖粉 65g，鸡蛋 50g，香草精 1/4 小勺（1.25ml）

巧克力曲奇

用 20~30g 可可粉代替香草曲奇配方里的等量面粉，并省略香草精

抹茶曲奇

用 10g 抹茶粉代替香草曲奇配方里的等量面粉，并省略香草精

烤焙

烤箱中层，上下火，190℃，10分钟左右

制作过程

1.黄油室温软化以后，倒入糖粉、细砂糖，搅拌均匀。

2.用打蛋器不断搅打第1步的混合物，将黄油打发。

3.黄油打发到体积膨大，颜色稍变浅即可。

4.分2~3次加入鸡蛋液，并用打蛋器搅打均匀。每一次都要等黄油和鸡蛋完全融合再加下一次。

5.黄油必须与鸡蛋完全混合，不出现分离的现象。打发好的黄油呈现轻盈、膨松的质地。

6.在黄油糊里倒入香草精，并搅拌均匀。

7.低筋面粉筛入黄油糊(做巧克力曲奇，把可可粉和低筋面粉混合后一起过筛；如果是抹茶曲奇，则将抹茶粉和低筋面粉混合后一起过筛)，用橡皮刮刀把面粉和黄油糊拌匀，成为均匀的曲奇面糊。

8.曲奇面糊做好后，就可以用裱花袋将曲奇面糊挤在烤盘上了。这次使用的是如图所示的中号菊花形裱花嘴。

9.因为还有很多新手朋友对裱花的过程不太熟悉，这里特别说明一下：用剪刀在裱花袋一端剪一个口。

10.将裱花嘴放进裱花袋内部。

11.再将裱花嘴从口里伸出来即可。

12.把曲奇面糊填入裱花袋，烤盘上垫锡纸或油纸，在烤盘上挤出曲奇面糊。把挤好的曲奇放进预热好的烤箱，190℃烤10分钟左右，表面金黄色即可出炉。冷却后密封保存。

0失败TIPS

✓ 曲奇烤焙时间短，容易烤糊，最后几分钟一定要在旁边看着，烤到自己喜欢的上色程度后即可拿出来。如果制作巧克力曲奇，在烤焙过程中颜色变化不明显，需要小心火候，别烤过头。

2 制作巧克力和抹茶口味曲奇的时候，可以根据自己的喜好调整可可粉或抹茶粉的比例，但不要放得过___可可粉使用如果超过30g，会使曲奇口感带苦涩。

3 在用裱花袋挤出曲奇面糊的时候，有些时候可能会感觉面糊比较干硬，挤出较为费力。造成这种情况的原因，可能是因为黄油未彻底软化就打发，造成面糊偏硬。也可能是面粉的吸水性有差异，导致面糊较干。遇到前一种情况，请注意一定要在黄油彻底软化后再打发。而后一种情况，可以在面糊中补加一小勺鸡蛋液，使面糊的软硬适中。

✓ 打发黄油时，不要打得过于膨发，整个搅打过程控制在2分钟左右即可。如果黄油打得过于膨发，可能会导致曲奇烤完后花纹消失。

5 糖粉可以降低面团的延展性，利于曲奇花纹的保持；细砂糖可以增加饼干酥松度，两者缺一不可。如果没有糖粉，用食品料理机的研磨杯将细砂糖打成粉末状可作为糖粉使用。

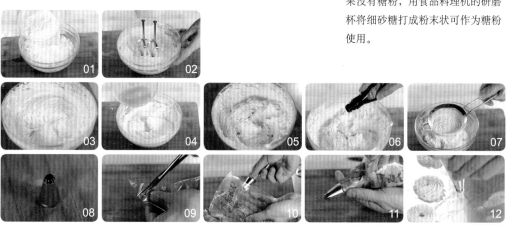

蛋白薄脆饼
超级懒人的超级饼干

参考分量
16块

这是一款简单到家了的饼干，原料简单，步骤简单，模样儿也简单，简单的程度，无愧于"超级"二字。非常适合时间不充裕，或者想省事的朋友哈。

▌配料

蛋白1个（约35g），中筋面粉50g，黄油50g，糖粉50g

▌烤焙

烤箱上层，上下火，160℃，15分钟左右，烤至边缘金黄即可

0失败TIPS

╱ 这款饼干不需要打发黄油，所有操作在一个盆里即可完成，没有任何复杂的工序，是名副其实的超级懒人饼干。

╱ 因为不需要挤出花色，我们可以用简单的保鲜袋代替裱花袋。把面糊装入保鲜袋，在保鲜袋的一角剪一个大小合适的孔，即可挤出面糊。

╱ 挤面糊的时候，面糊之间的间隔一定要大一些，因为烤好后，面糊会变成薄片，如果间距小了它们会粘在一起。

╱ 因为饼干占的面积比较大，所以可能需要两盘才烤得下。可以先烤一盘，剩下的面糊室温放置即可，等上一盘出炉以后再烤下一盘。

▌制作过程

1. 黄油室温软化(软化即可，千万不要熔化成液态)，加糖粉并用打蛋器搅拌均匀，不要打发。

2. 分3次加入蛋白，同样用打蛋器搅拌均匀。

3. 搅拌完成后，是可流动性的细腻糊状。

4. 倒入过筛后的中筋面粉，继续用打蛋器搅拌均匀。均匀即可，切记不要过度搅拌。

5. 把搅拌好的面糊装进中号圆孔裱花袋，在涂了油或者垫了防粘纸的烤盘上挤出一条条的条状面糊。放进预热好的烤箱，160℃，上层烤15分钟左右，烤到边缘金黄即可。面糊在烤的过程中会自动扩展成椭圆形的薄片。

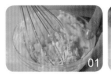   

燕麦葡萄甜饼

参考分量
20块

▌配料

低筋面粉 100g，燕麦片 35g，葡萄干 45g，泡打粉 1/4 小勺 (1.25ml)，小苏打粉 1/4 小勺 (1.25ml)，肉桂粉 1/8 小勺 (0.625ml)，鸡蛋 30g，色拉油/无味植物油 65g，细砂糖 70g，红糖 30g

▌烤焙

烤箱中上层，上下火，170℃，约 18 分钟

▌制作过程

1. 大碗里倒入植物油、打入鸡蛋。

2. 倒入红糖和细砂糖。

3. 充分搅拌均匀，但不要打起泡。

4. 在另一个碗里，把面粉、燕麦片、葡萄干、泡打粉、小苏打粉、肉桂粉混合均匀。

5. 把第4步的粉类混合物倒入第3步的液体混合物中，并用橡皮刮刀小心地搅拌均匀，成为湿润的面糊。

6. 手上沾点干粉，捏起一块面糊，搓成圆球形。

7. 把面糊压扁，并排入烤盘。放入预热好的烤箱烤焙。

❶失败ＴＩＰＳ

1. 这款饼干的面糊较为湿润，整形时，手上需要沾点干粉防粘。

2. 如果没有小苏打粉，可以换成等量泡打粉，但这样饼干的表面不容易出现裂纹。

3. 刚烤好的饼干内部稍微有点发软，但冷却后就会很酥脆了。如果冷却后还是比较软，则表示烤焙时间不够，需要多烤一会儿。

阿拉棒

淡淡甜味的磨牙棒

　　阿拉棒本意是一种意大利式硬面棒，种类很多，甚至可以使用制作面包或饼干剩下的面团来制作。不论何种面团，一般都有一个共同的特点：低油坚硬。

　　本书介绍的阿拉棒饼干，是用最简单的饼干面团制成，较低的油脂含量同样保持了阿拉棒较硬的特色，很适合作为看电视消遣时候的磨牙棒哈。

配料

低筋面粉 130g，鸡蛋 1 个，糖粉 30g，黄油 10g

表面刷液：全蛋液适量

烤焙

烤箱中层，上下火，180℃，约 25 分钟，烤到表面金黄色即可

制作过程

1.黄油软化后，和糖粉、鸡蛋混合在一起，稍微搅拌一下，不要打发。然后，倒入低筋面粉，揉成面团。

2.揉好的面团是比较干的。因为面粉的吸水性不一致，可能需要酌情调整一下面粉的用量，以保证揉好的面团，既能成团，又不会太湿软。揉成面团以后，静置松弛半个小时。

3.把松弛好的面团放在案板上擀成厚度约为0.5cm的长方形面片。擀的时候可以撒一些面粉在案板上防粘。

4.把擀好的面片用刀切成一条条的长条。

5.两手拿起一根长条的两端，扭几圈，再放到铺了锡纸的烤盘里(直接放到烤盘上亦可，烤盘不要涂油)。

6.在扭好的长条上刷一层全蛋液，进烤箱烤焙。烤箱预热到180℃，烤盘放入中层，约25分钟，烤到表面金黄色即可。

0失败Tips

1 因为这款面团没有用到水，全用鸡蛋液来和面，所以揉成面团的时候会比较粘手一点。再加上不同品种的面粉吸水性不同，揉好的面团柔软度可能有差异，需要自己酌情调整面粉的用量，让面团成为一个比较干，不太柔软的面团。这款面团如果太柔软，切口会没有那么漂亮。

2 配方中的糖粉，不要使用细砂糖代替，否则饼干烤的时候不容易保持形状。如果你没有糖粉，可以把细砂糖用食物料理机打磨成粉。

3 烤盘不要涂油，否则饼干粘不牢，烤的时候可能会变形，不会那么笔直。

4 如果你喜欢吃更硬的饼干条，可以省略配方中的黄油，同时增加8g的鸡蛋液。还是同样的原则，揉成不太柔软，但也不会散开的干面团。

5 刷表面的鸡蛋液所需用量很少，你可以在制作的时候，选择个头大点儿的鸡蛋，制作面团的时候稍微留出一点儿鸡蛋液用来刷表面即可。

牛奶方块小饼干

出游必备小点心

参考分量 80 块

出门游玩，烘焙爱好者都不会忘了带上自己制作的小点心。出游携带的点心，要求可不低，必须方便、易携带，还得可口。

吹着野外的风儿，带着相机拍拍花儿草儿，累了便寻个地方，好好品尝自己带的小点心，岂不是快事一桩?

配料

低筋面粉 145g，奶粉 15g，鸡蛋 15g，牛奶40g，黄油 35g，糖粉 40g

烤焙

烤箱中层，上下火，180℃，约 12 分钟，表面微金黄色即可

制作过程

1. 35g黄油切成小块后，隔水加热熔化成液态（或用微波炉加热，但注意时间不要过长）。
2. 在黄油里加入15g打散的鸡蛋。
3. 继续加入40g牛奶。
4. 用打蛋器搅拌均匀，成为混合液体。
5. 在第4步的混合液体里加入40g糖粉、15g奶粉，继续搅拌均匀。
6. 把145g低筋面粉倒入混合液体里，用手揉成一个光滑的面团。
7. 把面团放在案板上，擀成厚约0.3cm的长方形面片。
8. 把面片不规整的四边裁去，成为规整的长方形。把长方形面片切成约1.8cm见方的小方块。
9. 把小方块排入烤盘。把烤盘送入预热好180℃的烤箱，烤12分钟左右即可。冷却后密封保存。

0失败TIPS

✓ 做第6步的时候，揉成光滑面团即可，不要揉过长时间，否则可能影响饼干的松脆程度。

✓ 揉成面团的时候，因为面粉的吸水性不同以及称量误差，可能会导致面团软硬程度不同，一般来说没有太大影响，但如果面团太干不能成团或者太湿导致粘手的话，可以适当减少或增加一些低筋面粉的用量。

✓ 这款小饼干个头很小，烤的时候尤其需要控制火候，不要烤过头了，最后几分钟要盯住烤箱了哈。

✓ 这款饼干的口感稍微带点儿硬脆，更适合不喜欢饼干口感太酥松的同学哦。

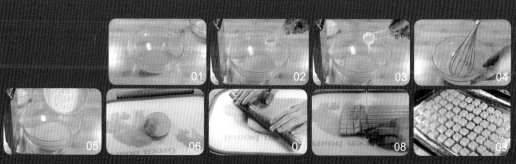

巧克力燕麦能量球

冬天的能量点心

参考分量 30 颗

"能量球"的威力，并不仅仅在于热量较高，更因为燕麦与巧克力都能增加饱腹感，再加上燕麦营养价值丰富，小小一颗能量球，不但补充营养，还可以有效地控制食欲——别看它热量高，它反而能帮你在冬天防止热量的过度摄入哦。

▌配料

燕麦片 120g，高筋面粉 40g，奶粉 20g，细砂糖 40g，黑巧克力 100g，鸡蛋 10g，黄油 40g

▌烤焙

烤箱中层，上下火，180℃，20 分钟

▌制作过程

1. 黑巧克力切成小块放入碗中，把黄油也切成小块，放入装黑巧克力的碗中。将碗坐在热水里，小火加热，并用筷子不断搅拌碗中的巧克力与黄油，直到黄油和巧克力完全熔化，将碗取出。

2. 把奶粉、燕麦片、高筋面粉、细砂糖混合，并倒入第1步放熔化巧克力的碗里。

3. 用手把所有材料揉匀。揉好的混合物比较干燥和松散，不易成团。这时候，将10g鸡蛋(打散后)加入混合物里，并搅拌均匀。此时面团仍然呈松散的状态，但是较为湿润，用手捏少许面团起来，能捏成小球。

4. 取少许混合好的面团，用力捏成不易散开的小球。

5. 在捏小球的过程中，最好保证第3步的混合物温度不要太低。否则会更加不易成团。如果有必要，可以把碗坐在热水里以保持温度。

6. 捏好全部的小球以后，放进预热好180℃的烤箱，中层，上下火，20分钟左右。

0失败TIPS

1 这款小点心的关键在于面团的干湿程度。10g 鸡蛋可以酌情添加，直到刚好可以将面团捏成不易散开的小球为止。但鸡蛋不能添加太多，否则不易烤透，即使烤透了也会让小球变得很硬，影响口感。另外，温度过低会让巧克力和黄油凝固降低黏性，更加不易成团，如果你是在室温较低的条件下做这款点心，最好将碗坐在热水里保持温度。

2 能量球在烤的时候，颜色变化不大，所以需要注意烤的时间与温度，不要烤糊了。冷却后的能量球是稍硬略脆的口感，十分可口。如果你的能量球在冷却后内部有软心，则表示烤得不够，可以回炉再烤一会儿。

3 燕麦片，超市里都有卖，最普通的生燕麦片即可。

01 02 03

04 05 06

蔓越莓饼干

无添加，更天然

参考分量 20块

　　每一个在家自己做饼干的人，除了享受那一份心情，也为享受那一份天然。

　　自己制作饼干，可以放心选择最高品质的原料，选择无人工添加剂的配方。品尝到的，除了美味，还有健康。

　　本书里大部分配方都不含人工添加剂，比如这款蔓越莓饼干，纯正的黄油和蔓越莓，绝对天然，而且，口感相当地好哦。

配料

低筋面粉 115g，全蛋液 1 大勺 (15ml)，黄油 75g，糖粉 60g，蔓越莓干 35g

烤焙

烤箱中层，上下火，165℃，约 20 分钟，至表面微金黄色

制作过程

1. 黄油软化后，加入糖粉，搅拌均匀。不需要打发。

2. 加入1大勺鸡蛋液，搅拌均匀。

3. 倒入蔓越莓干。如果蔓越莓干的个头比较大，需要先切碎(不要切太碎)。

4. 倒入低筋面粉，搅拌均匀，成为面团。用

手把面团整形成宽约6cm，高约4cm的长方体，并放入冰箱冷冻至硬(约需要1个小时)。

5. 冻硬的长方形面团用刀切成厚约0.7cm的面片。

6. 切好的面片排入烤盘，放进预热好的烤箱，上下火，165℃，中层，约20分钟，至表面微金黄色即可。

0失败Tips

1 这是一款制作很简单的饼干，不需要打发黄油，鸡蛋用量小，所以也不用担心鸡蛋和黄油乳化不彻底，成功率高。

2 蔓越莓干可以在超市进口商品区购得。

3 蔓越莓干也可以用其他干果代替，如葡萄干、樱桃干等。

黄金椰丝球

最明媚的点心

参考分量 30个

用蛋黄制作的金黄色椰丝球，椰香浓郁，每一颗都明澈可爱，回味无穷。

这些可爱的小点心，在烤的时候，已经是满屋的浓香，整个屋子也会随着明媚起来。

配料

椰丝 100g，椰丝 10g(沾表面)，低筋面粉 35g，奶粉 15g，牛奶 20g，蛋黄 2 个，细砂糖(或糖粉)50g，黄油 50g

烤焙

烤箱中层，上下火，180℃，15~20分钟，至表面金黄即可出炉

制作过程

1. 黄油软化，加入细砂糖，搅拌均匀，并稍微打发(打发到黄油体积稍有膨大即可)。

2. 分次加入蛋黄，搅拌均匀。然后倒入牛奶，搅拌均匀。

3. 在搅拌好的混合物里，倒入椰丝、低筋面粉、奶粉。

4. 用手搅拌均匀，轻轻揉成面团(不要过度揉搓)。

5. 取一小块面团，搓成直径约 2.5cm 的小球。

6. 把小球在椰丝里滚一圈，让小球表面均匀沾上一层椰丝(此步可省略)。

7. 照这个方法做好所有小球，排入烤盘，送进预热好的烤箱烤焙。烤箱中层，上下火，180℃，15~20分钟，烤到表面金黄即可出炉。

0失败TIPS

1 这款椰丝球没有完全打发黄油，口感香酥又不显得太过酥松，也利于小球在烤焙的过程中保持圆形。你也可以完全打发黄油，可以得到不同的口感。

2 每一盘椰丝球的大小尽量保持一致，如果烤箱火力不均匀，在烤的中途可以将烤盘调整方向，避免小球出现有的已经熟了有的还没熟的情况。

蛋白椰丝球

零失败的椰丝球

参考分量 30个

用蛋白制作的椰丝球，比黄金椰丝球更为简单，基本不会出现制作失败的可能。

两款椰丝球，不同的配方，同样美味。

配料

椰丝 80g，椰丝 10g（沾表面），奶粉 20g，低筋面粉 20g，蛋白 2 个，细砂糖 50g

烤焙

烤箱中层，上下火，150℃，25 分钟

制作过程

1. 椰丝和奶粉、低筋面粉、细砂糖混合均匀。
2. 蛋白用筷子打散（不需要用打蛋器，否则会产生过多不必要的泡沫）。
3. 把蛋白倒入第1步的混合物里。
4. 用手搅拌均匀，成为一个均匀的面团。
5. 取一小块面团，搓成直径约2.5cm的小球。
6. 把小球在椰丝里滚一下，让小球的表面均匀地沾上椰丝（此步可省略）。
7. 用这个方法把面团全部搓成小球（约30个），排入烤盘，送进预热好的烤箱。150℃，25分钟左右。烤好的椰丝球，外表香脆内部酥软。

0失败TIPS

1. 这款椰丝球，烤的时间和温度很关键，用稍低的温度，较长的时间来烤焙，才能烤透，让内部口感香酥。
2. 椰丝球不要做得太大，直径不要超过2.5cm。每一盘的椰丝球大小要均匀。

01

02

03

04

05

06

07

花生奶油饼干

好吃得足以打破减肥计划的饼干

参考分量 50块

最近我特烦两个字：减肥。

吃块蛋糕吧？——不吃了，我减肥！

喝杯奶茶吧？——不喝了，我减肥！

来块派？——别怪我跟你急了啊，都说了减肥了！

……

于是，可怜如我，哀怨如我，只得假惺惺地说："别减了，你一点儿也不胖，真的，再胖十斤都嫌瘦。"说这话的时候，我特违心。

所以说，女孩子们，如果有一天你的闺蜜跟你说"你一点儿也不胖"，你也许会怀疑这是她为了拉你做垫背而布下的甜蜜陷阱。但今天，我得告诉你，如果男人跟你说"你一点儿也不胖"，他也未必是诚心的。比如，缺德如我，只是为了把我的甜点们推销出去——准确地说，是为了不让肉全长我一个人身上。

好了好了，这话题就此打住，否则有自毁形象之嫌。

不过，我今天要加倍缺德地向你推荐这么一款香酥到骨头里的饼干。它绝对是另一个"阴险"的陷阱，好吃得足以打破你的一切减肥计划——我已经在这边露出猎人般狡诈的微笑了，掉不掉进去，就看你自己了！

（当然，你也可以用它去"陷害"你的闺蜜，但千万别告诉她是我教你的哈！）

配料

低筋面粉 100g，鸡蛋 10g，黄油 65g，花生酱 35g，糖粉 50g

烤焙

烤箱中层，上下火，180℃，约 15 分钟

制作过程

1.黄油软化后，和糖粉混合，用打蛋器打发，直到颜色稍变浅，体积膨松。

2.打发的黄油里倒入打散的鸡蛋。

3.继续用打蛋器搅打，直到黄油和鸡蛋完全融合，呈现膨松轻盈的状态。

4.打发好的黄油状态如图。

5.在黄油里倒入花生酱。

6.用打蛋器搅打，使花生酱和黄油彻底混合均匀。

7.把面粉倒入混合好的花生黄油里。

8.用橡皮刮刀轻轻翻拌，成为均匀的饼干面糊。

9.把面糊倒在案板上，用手搓成直径约2.5cm的长条。

10.如图所示，这是搓好的长条。将长条放进冰箱的冷冻室(冻冰的那层)，冷冻1.5个小时以上，直到长条变得坚硬。

11.把冻硬的长条用刀切成厚度约0.8cm的小圆片。

12.把小圆片排在烤盘上，每个小圆片之间留出适当空隙，然后将烤盘放入预热好180℃的烤箱烤焙。

0 失败TIPS

将面糊搓成长条的时候，如果面糊比较湿润粘手，可将面糊放到冰箱冷藏一会儿，会变得更好操作。但注意不要冷藏过长时间，使面糊变得太硬。

花生酱在一般的超市都能买到，有颗粒型或者幼滑型，根据自己的喜好选择吧。个人推荐选择颗粒型，内含花生碎粒，做出的饼干口感更好。

这款饼干在烤的时候会有一定的膨胀，所以每块饼干之间需要留出一些空隙，不要摆得太密了，防止粘在一起。

希腊可球

参考分量 **35** 块

简单材料做出的超级美味

　　希腊可球，配料非常简单，口味却一点儿也不简单，是简单材料也能做出超级美味的又一实例。它和本书介绍的"黄油曲奇"非常类似，但却比黄油曲奇拥有更为香酥的口感。

▌配料

黄油 80g，糖粉 45g，盐 1g，鸡蛋 20g，低筋面粉 100g，果酱适量

▌烤焙

烤箱中上层，上下火，175℃，15 分钟左右

▌制作过程

1. 黄油软化以后，加入糖粉，用电动打蛋器充分打发。打到颜色略微发白，体积膨大。加入盐，并搅拌均匀。

2. 分两次加入打散的鸡蛋，且充分搅拌均匀。

3. 搅拌均匀后的样子。

4. 倒入过筛后的低筋面粉。

5. 用橡皮刮刀慢慢地拌匀，成为比较稀的具有黏性的面糊。

6. 挖一小块面糊(约7g)。用2个小勺来回倒腾，使它成为圆球形状(不要试图用手直接搓成圆球状，因为面糊非常黏，会立刻粘在手上)。

7. 把小球放到铺了锡纸或者油纸的烤盘上。

8. 用同样的方法做好所有的小球，排入烤盘。小球之间需要留有一定间隔。

9. 拿一根筷子，先在水里(或全蛋液里)蘸一下，然后在小球的顶部轻轻扎一个孔，不要太深。

10. 每扎完一个小球，都要用纸巾擦拭筷子，并重新蘸水，再扎另一个。直到所有小球都被扎上孔。

11. 在小孔里挤上一点果酱(口味可依个人喜好而定)，不要太多，一点点就可以了。

12. 放进预热好的烤箱，175℃烤15分钟左右，烤到表面微金黄色即可。

*○*失败TIPS

∕ 面糊虽然整形成小球状，但因为面糊中黄油含量高，并且黄油经过了充分的打发，所以面糊具有较高延展性，在烤的过程中，会慢慢变成圆饼的形状。

∠ 筷子必须蘸水以后，再扎孔，因为面糊非常地黏，如果不蘸水，面糊会粘在筷子上，无法扎出小孔。

3 挤果酱的时候，不要挤太多，否则烤的时候会溢出来。

∕ 如果用裱花袋挤面糊，烤好后的形状会不够好看。用小勺整形虽然很麻烦，但更有手工饼干的特色。

5 可以尝试另一种烤焙温度。用200℃烤15分钟左右，烤到小球表面黄褐色为止。高温烤焙可以让饼干快速定型，得到形状接近于球形的小饼干，而且口感也略有不同。

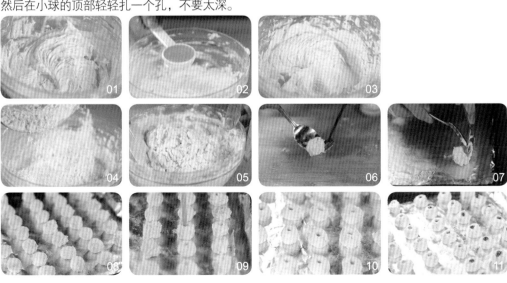

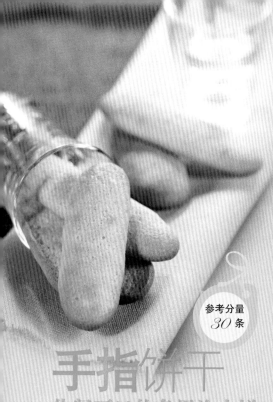

手指饼干
休闲可口的多用途小饼

提到提拉米苏这款著名甜点，一定不能少了手指饼干(Ladyfinger)。它和马斯卡彭奶酪被誉为提拉米苏的两大灵魂。手指饼干是一种用途十分广泛的小饼干，不但可以制作提拉米苏，也可以做其他蛋糕的装饰，而且，它松脆可口，直接吃也是十分好吃的。

▌配料 ［此分量正好制作一个6寸提拉米苏(内部+围边)］

蛋黄 3 个，蛋白 2 个，细砂糖 55g，低筋面粉 70g，香草精数滴

▌烤焙

烤箱中层，上下火，190℃，约 10 分钟，烤至饼干微金黄色，质地松脆

▌制作过程

1. 3个蛋黄和2个蛋白分别盛入碗里备用，蛋白用打蛋器打至起粗泡的时候，分次加入35g的细砂糖，用打蛋器打发至干性发泡。

2. 打发好的蛋白，提起打蛋器，可以拉出一个短小直立的尖角。更具体的打发过程可以参考"戚风蛋糕"一节的蛋白打发。

3. 蛋黄里加入剩下的20g细砂糖，滴入几滴香草精，用打蛋器打至蛋黄变得浓稠，颜色变浅，体积膨大。

4. 盛1/2蛋白到蛋黄碗里，再加入1/2过筛后的面粉，用橡皮刮刀将面粉、蛋白、蛋黄翻拌均匀。不要打圈搅拌以免蛋白消泡。

5. 重复第4步的过程，将剩下的蛋白、面粉也倒入碗里，拌匀成浓稠的面糊。要注意，这个时候的面糊应该是有质感的浓稠面糊，不产生大气泡，也不会太稀。否则表示搅拌过度或者搅拌手法不正确，导致蛋白消泡了。

6. 把面糊装进裱花袋，烤盘垫油纸或锡纸，用中号圆孔花嘴在烤盘上挤出条状面糊。把面糊送入预热好的烤箱，190℃，10分钟左右，直到表面微金黄色，质地松脆。

0 失败 TIPS

1 因为不需要挤出花纹，所以这款饼干其实并非一定要使用裱花袋和裱花嘴，把面糊装进保鲜袋，在保鲜袋的一角剪一个口，就可以直接挤出面糊了。

2 面糊拌好以后，要尽快挤好并放入烤箱烤焙，否则会导致消泡，影响饼干的品质。

3 手指饼干的吸水性非常强，暴露在空气里的时候很容易吸收空气里的水分变得潮软，所以要注意密封保存。

4 手指饼干直接吃非常可口，也常常用于制作提拉米苏(参见92页)。

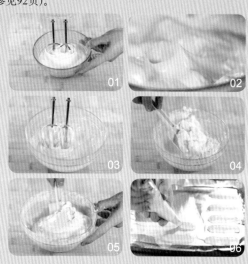

巧克力奇普饼干

最"手工"的饼干

参考分量 26块

在外面买东西，但凡沾上"手工"二字的，绝对便宜不了。而自家做美食，纯手工不说，还绝对划算。

这款巧克力奇普饼干，就是一款超级简单但又十分可口的饼干。不需要抱怨自己的饼干做出来总是不漂亮——完全不用造型、随手拍出来的饼干，反而更有浓郁的"手工"感觉哈。

▌配料

低筋面粉 100g，黄油 60g，红糖 30g，细砂糖 20g，鸡蛋 25g，核桃仁 20g，大杏仁 20g，巧克力豆 50g，小苏打 1/8 小勺 (0.625ml)，盐 1/4 小勺 (1.25ml)，香草精 1/4 小勺 (1.25ml)

▌烤焙

烤箱中层，上下火，190℃，约 12 分钟，至表面金黄

▌制作过程

1. 黄油室温软化后，加入红糖和细砂糖、盐，用打蛋器打发。

2. 分2次加入打散的鸡蛋液。

3. 加第一次鸡蛋液后，用打蛋器打到鸡蛋和黄油完全混合后再加下一次。

4. 随后加入香草精，并用打蛋器搅打均匀。到这步，黄油就打发好了。打发后的黄油是轻盈膨松的状态。

5. 低筋面粉和小苏打混合过筛，倒入打发好的黄油里。用橡皮刮刀拌匀，成为均匀的饼干面糊。

6. 切碎的核桃仁和大杏仁、巧克力豆都倒入饼干面糊里，再次用橡皮刮刀把面糊拌匀。

7. 用手抓起一小块面糊，拍在垫了烤盘纸的烤盘里，不用刻意整形。

8. 将烤盘放进预热好的烤箱，上下火，190℃，约12分钟，烤至表面金黄色。

0失败TIPS

1 这款饼干不用刻意整形，但要注意，要保证同一烤盘内的每块饼干大小尽量一致，以免出现有的已经烤熟了，有的还没有熟的情况。

2 如果是生核桃仁和大杏仁，可以用烤箱180℃预先烤几分钟，把果仁烤出香味。冷却后再使用，做出的饼干会更香。

3 如果没有巧克力豆，也可以把整块的黑巧克力切碎来代替。

杏仁巧克力棒

参考分量 26 根

休闲时候来一根

饼干是休闲时刻的最佳伙伴，糅合了杏仁滋味的巧克力饼干棒，更是休闲饼干中的上上选。

▌配料

黄油 45g，糖粉 50g，鸡蛋 25g，低筋面粉 100g，美国大杏仁 (切碎)25g，可可粉 12g，小苏打 1/8 小勺 (0.625ml)，杏仁香精数滴

▌烤焙

烤箱中层，上下火，190℃，12 分钟左右

▌制作过程

1. 黄油软化后，把糖粉倒入盛黄油的碗里，用打蛋器搅拌到糖粉和黄油混合均匀(这款饼干不需要打发黄油，所以不需搅打太久)。

2. 分次加入鸡蛋(至少分2次)。

3. 加入鸡蛋后继续搅拌均匀，每一次都要让鸡蛋和黄油完全融合再加下一次。

4. 滴几滴杏仁香精到黄油里，搅拌均匀。

5. 把低筋面粉、可可粉、小苏打混合后，筛入盛黄油的碗里。

6. 加入切碎的大杏仁，用手揉成一个面团(成团即可，不要反复揉搓)，把揉好的面团放在案板上。

7. 用擀面杖把面团擀成长方形面片。

8. 切去不规整的边角，使面片成为规整的长方形。用刀把面片切成长条。

9. 把长条摆入烤盘，即可放进预热好的烤箱烤焙。烤箱中层，190℃，上下火，12分钟左右，烤至饼干按上去比较硬即可。冷却后密封保存。

０失败 TIPS

1. 杏仁香精(Almond essence)在大型超市的进口调料货架上可以找到。一次只需要几滴就够，不要多放。如果买不到，可以省略不放。

2. 第6步揉成面团的时候，只要成团即可，千万不要反复揉，以免面筋形成过多导致饼干口感欠佳。

3. 切下来的多余边角面片，可以揉成团再次擀开使用。不过做出来的饼干口感会比第一次的稍硬一些。

4. 巧克力饼干在烤的时候不太会变色，烤时尤其要注意火候。如果饼干棒按上去感觉硬硬的，就可以出炉了。

罗曼咖啡曲奇

要多小资有多小资

参考分量 28块

咖啡和杏仁的香味交织，加上曲奇香甜的口感，够"罗曼蒂克"吧？配上一杯浓浓的咖啡，在午后惬意享用，小资乎？假日，如果你嫌人多懒得出去，在家装模作样地享受享受下午茶的浪漫时分，貌似也是不错的主意。

▌配料

黄油62g，糖粉50g，蛋白22g，低筋面粉80g，杏仁粉35g，速溶纯咖啡粉1.8g（1小包），香草精数滴，开水1/2小勺（2.5ml）

▌烤焙

烤箱中层，上下火，190℃，10分钟左右

▌制作过程

1. 黄油切小块软化以后，加入糖粉打发至体积膨松，颜色稍变浅。

2~3. 分1~2次加入蛋白，并继续打发，使黄油和蛋白完全融合。

4. 打发好的黄油蛋白混合物，是顺滑、细腻、膨松的状态。

5. 把咖啡粉用1/2小勺开水溶解后，倒入打发好的黄油里，再滴入几滴香草精。

6. 继续搅拌，成为均匀的咖啡黄油糊。

7. 低筋面粉与杏仁粉混合过筛，筛入打好的咖啡黄油糊里。

8. 用橡皮刮刀把面粉和黄油糊拌匀，成为曲奇面糊。此时的面糊应该干湿程度恰到好处，可以很容易地从裱花嘴里挤出来。

9. 用一个中号的菊花型裱花嘴，在烤盘上挤出曲奇花纹。烤箱预热到190℃，把烤盘放进烤箱中。

0失败TIPS

1. 一定要使用100%纯杏仁粉来制作这款曲奇，不能用超市里卖的冲调饮料的杏仁霜。

2. 因为纯杏仁粉里本身含有40%以上的油脂，所以这款曲奇的黄油用量比其他曲奇要低。

3. 必须使用速溶纯咖啡粉，不能使用加了糖和奶精的三合一咖啡粉。

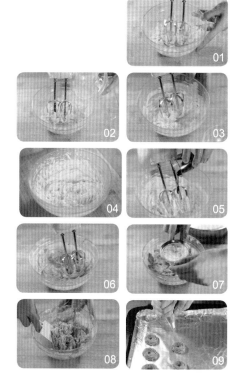

柠檬饼干

酸酸甜甜好味道

参考分量 *20* 块

这款饼干不添加鸡蛋，有柠檬的清爽香甜，口感酥脆，非同一般。

配料

低筋面粉 100g，黄油 65g，糖粉 50g，新鲜柠檬汁 1 大勺（15ml），柠檬皮屑 1 小勺 (5ml)，盐 1/4 小勺 (1.25ml)

烤焙

烤箱中层，上下火，180℃，15 分钟左右

制作过程

1. 新鲜柠檬挤汁，并将柠檬皮切成屑。柠檬皮切屑之前，需要用小刀把内侧的白色部分刮掉，否则口感会苦涩。

2. 黄油切成小块放在大碗里，黄油软化后，把糖粉、盐倒入碗里。

3. 轻轻搅拌使糖粉和黄油混合均匀。不需要打发黄油。

4. 把15ml的柠檬汁倒入黄油里。

5. 继续轻轻搅拌，使柠檬汁和黄油混合均匀。不要打发。

6. 低筋面粉筛入搅拌好的黄油里。

7. 再倒入一小勺柠檬皮屑。

8. 用橡皮刮刀充分拌匀，使面粉、柠檬皮屑和黄油拌成均匀的面团。

9. 把面团放在案板上，用手滚成一个直径5cm左右的圆柱形。

10. 把圆柱形面团放在油纸上，用油纸把面团卷起来，放进冰箱冷冻1个半小时以上，直到把面团冻得坚硬。

11. 取出冻硬的面团，用刀切成薄片，排在烤盘上，即可入预热好的烤箱烤焙。中层，180℃，上下火，烤15分钟左右，饼干表面微金黄色即可出炉。

0失败TIPS

第9步滚成圆柱形时，如果觉得面团太粘手不好操作，可以先放到冰箱冷藏一会儿，使面团稍微硬一点以后再操作，就会很好滚圆了。

娃娃饼干
和孩子一起动手吧

参考分量 *16* 块

这款小饼干，超级简单，也超级可爱，你完全可以带着孩子一起做。

可爱娃娃饼干，送给所有孩子们，以及仍然保持着童心的大人们。

▎配料

低筋面粉 110g，黄油 50g，鸡蛋 25g，糖粉 40g，盐一小撮，牛奶巧克力 150g（实耗约 40g）

▎烤焙

烤箱中层，上下火，190℃，15~20 分钟，烤焙至表面微金黄色即可

▎制作过程

1. 黄油软化后，加糖粉、盐，用打蛋器打至均匀顺滑(不需要打发)。

2. 鸡蛋液分3次加入黄油里，并用打蛋器搅打均匀。每一次都要让鸡蛋和黄油融合以后再加下一次。

3. 筛入低筋面粉，揉成光滑的面团即可，不要揉太久。

4. 把面团放在案板上擀成厚约0.3cm的面片，切去边角修整成长方形。用直径5cm的切模切出一个个的圆形面片。

5. 把切出来的面片摆放在烤盘上（如果觉得面片不好从案板上拿起，可以用橡皮刮板铲起来），送入预热好190℃的烤箱，烤15~20分钟，直到饼干表面呈微金黄色。

6. 牛奶巧克力装入碗里，隔水加热并且不断搅拌，直到巧克力完全熔化。

7. 饼干冷却后，拿起一块，在熔化的巧克力里蘸一下。

8. 转个方向，再蘸一下，如图所示。

9. 这样，娃娃的头发就做好了。依次蘸好所有的饼干，并把蘸好的饼干放在冷却架/烤网上。

10. 把剩下的巧克力装进裱花袋，在裱花袋的前端剪一个很小的开口，在饼干上画出娃娃的眼睛、鼻子、嘴巴。等到巧克力凝固，可爱的娃娃饼干就做好了。

01 02 03 04 05 06 07 08 09 10

0 失败 TIPS

1 把面粉和黄油混合揉成面团的时候，不要揉太久，以免面粉起筋影响饼干的酥松性。

2 如果饼干面团揉好后比较粘手不好擀，可以在冰箱冷藏一会儿，使面团变得稍硬后再擀。

3 因为这款饼干面皮擀得较薄易切，如果没有切模，可以用大小合适的玻璃杯杯口来切饼干。但如果是切比较厚的东西，就不能如此代替了。

4 第一次切完饼干面片后剩下的边角面片，可以重新揉成面团，再次擀开、切出圆片。不过这一次做出来的饼干就没有第一次酥松了。

葡萄奶酥

咬一口，满是惊喜

参考分量 30 块

因为加入了大量蛋黄，所以这款小点心别有一番浓郁风味。而黄油和奶粉赋予了它非常酥松并且奶香味十足的口感，再配上葡萄干，是足以给人惊喜的一款饼干。

▌配料

低筋面粉 195g，蛋黄 3 个，奶粉 12g，黄油 80g，细砂糖 70g，葡萄干 80g，蛋黄半个（刷表面）

▌烤焙

烤箱中层，上下火，180℃，15 分钟

▌制作过程

1. 黄油软化以后，加入细砂糖和奶粉，用打蛋器打发，直到体积膨松，颜色略变浅。

2. 依次加入 3 个蛋黄，并用打蛋器搅打均匀。每次都要等蛋黄和黄油完全混合均匀再加入下一个蛋黄。

3. 搅打后的黄油应该呈浓稠、膨松的状态。

4. 低筋面粉过筛以后倒入打发好的黄油中。

5. 用手把面粉和黄油混合均匀。

6. 倒入葡萄干，并搅拌均匀，揉成一个均匀的面团。

7. 把面团放在案板上压扁，用擀面杖擀成厚约 1cm 的面片。

8. 用刀切去四周不规整的部分，将面片修整成长方形，并用刀切成大小约为 4.5cm×3cm 的小长方形。

9. 将小长方形面团排入烤盘，并在表面刷上一层打散的蛋黄液。放入预热好的烤箱，上下火，180℃，烤 15 分钟左右，直到表面金黄色。

0 失败 TIPS

1. 将面团修整成长方形时，切下来的多余面片，可以再次擀成长方形使用。

2. 这款饼干只使用蛋黄，剩下的蛋白，可以制作蛋白薄脆饼、蛋白椰丝球、天使蛋糕等西点哈。

3. 因为材料的吸水性略有不同，制作的时候如果发现面团很干不能成团，可以酌情多添加半个到一个蛋黄，使面团达到合适的干湿程度。

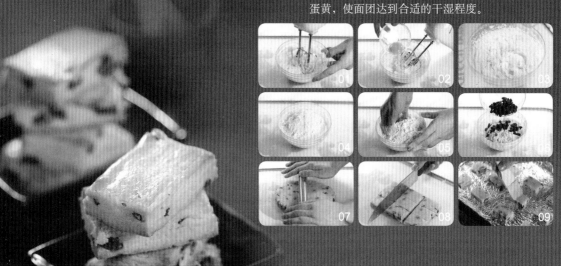

然后倒入第 3 步的黄油混合物里，并且用打蛋器搅打均匀。

5. 面粉、泡打粉、苏打粉混合过筛，倒进第 4 步搅拌好的黄油混合物里。用橡皮刮刀翻拌均匀，直到面粉完全湿润。

6. 倒入切碎的牛奶巧克力和核桃碎，用橡皮刮刀搅拌均匀，成为饼干面糊。

7. 用勺子把面糊挖起，排放到烤盘上。每块面糊之间要留出较大的空隙。

8. 面糊都排好以后，用勺子稍稍压扁，就可以放入预热好的烤箱了。180℃烤10~15 分钟。

1. 把面糊放到烤盘里的时候，不需要刻意整形，饼干在烤的时候会充分延展开来成为面饼，所以每块面糊之间要留出足够的距离。不建议用手直接捏面糊，因为面糊很湿润，手的温度会让黄油熔化，使面糊粘手上。

2. 速溶咖啡粉要使用纯咖啡粉，不要用那种加了糖和伴侣的1+2咖啡哦。

3. 饼干在烤好后，颜色会变深，但一定要注意火候，不要烤焦了。刚烤好的饼干捏上去有点软，在完全冷却后会变得十分酥脆。

摩卡果仁甜饼

参考分量 20块

配料

普通面粉 100g，黄油 65g，细砂糖 30g，红糖 50g，鸡蛋 25g，牛奶巧克力 25g(切碎)，核桃碎 35g，速溶咖啡粉 1.8g(1 小袋)，开水 1 小勺 (5ml)，泡打粉 1/4 小勺 (1.25ml)，小苏打 1/8 小勺 (0.625ml)

烤焙

烤箱中层，上下火，180℃，10~15 分钟

制作过程

1. 黄油软化后，和细砂糖、红糖一起混合入大碗里，用打蛋器打发。

2. 打到黄油的颜色变浅，状态膨松就可以了。

3. 在打发好的黄油里，分 3 次加入打散的鸡蛋液，并搅打均匀。鸡蛋液一定要分次加入，每一次都搅打到鸡蛋和黄油完全融合再加下一次。搅打好的面糊应该是顺滑、呈膨松状的。

4. 把一小袋速溶咖啡粉溶解在 1 小勺开水里，

浓咖啡意大利脆饼
下午茶的绝好搭配

　　意大利脆饼，英文名为biscotti，是一种拥有几个世纪历史的传统意式饼干。传统的意大利脆饼原料里不添加任何油脂，拥有非常坚硬的口感，极耐储存，非常适合蘸着红酒或咖啡食用。

　　意大利脆饼需要经过两次烤制。本书介绍的浓咖啡意大利脆饼是经过改良的配方，在配方中加入了咖啡粉的同时，也添加了黄油，因此，做出的脆饼口感已经不像传统的biscotti那样硬得能将牙硌掉了。但均匀的内部组织、规则整齐的半月形，仍然是biscotti的标志。

▍配料

低筋面粉 200g，大杏仁 70g，蛋黄 1 个，全蛋液 40g，细砂糖 120g，黄油 80g，泡打粉 1 小勺 (5ml)，速溶咖啡粉 2 小包 (1.8g×2)，热水 1 小勺 (5ml)

▍烤焙

第一次烤焙：烤箱中层，上下火，160℃，约 35 分钟
第二次烤焙：烤箱中层，上下火，135℃，约 30 分钟

▍制作过程

1.（准备工作：将2小包速溶咖啡粉溶解在1小勺热水里，冷却后即成咖啡液）黄油软化以后，加入细砂糖，用打蛋器打发到体积稍膨大，颜色稍发白。

2.加入1个蛋黄，用打蛋器搅打均匀，再分2~3次加入全蛋液，继续用打蛋器搅打均匀。

3.搅打好的黄油糊呈现浓稠幼滑的状态，不油水分离。

4.把咖啡液倒入搅拌好的黄油里，用打蛋器搅打均匀。

5.将低筋面粉和泡打粉混合过筛，倒入黄油糊里，再将大杏仁也倒入黄油糊里。

6.用手把面粉和黄油揉成面团。

7.把揉好的面团整形成长条形。

8.将长条形面团放进预热好的烤箱，上下火160℃，烤焙35分钟左右，取出略放凉。

9.略微放凉的面团，横切成厚1cm左右的薄片。把薄片排列在烤盘上，烤箱预热到135℃，继续烤30分钟左右，直到烤干饼干中的水分。

0 失败TIPS

1 biscotti需要经过两次烤制，第一次是为了定型，第二次是为了烤干饼干中的水分。

2 第一次烤焙完成的面团，需要稍微冷却后才能切片，否则切的时候会散。

切达奶酪饼干

参考分量 24块

一款口感独特的饼干。奶酪的浓香与淡淡的咸甜味儿，会给你的味蕾一次全新的体验。

低筋面粉 135g，切达奶酪片 (Cheddar cheese)90g，黄油 70g，糖粉 40g，鸡蛋 1 大勺（15ml），盐 4g
表面装饰及调味：鸡蛋适量，纯巴马奶酪粉适量

烤箱中层，上下火，175℃，25 分钟，至表面金黄色

1.每片切达奶酪片上撒些面粉再叠起来，用刀先切条，再切碎。（奶酪片上蘸一些面粉，叠起来切的时候才不会粘在一起。）

2.切成碎条的奶酪片备用。

3.黄油软化后，加入糖粉、盐，用打蛋器打发，直到体积膨松，颜色略发白。

4.加入打散的鸡蛋，继续用打蛋器搅拌，直到鸡蛋和黄油完全混合。

5.把切碎的奶酪片倒入打发好的黄油里，用打蛋器低速搅拌均匀。

6.倒入低筋面粉，用手把面粉和黄油混合，成为饼干面团。

7.在案板上把饼干面团先搓成长条，再稍稍压扁。

8.把长条切成小段，排放在烤盘上。

9.在每块饼干表面刷一些鸡蛋液。

10.刷好鸡蛋液以后，再撒一些纯巴马奶酪粉。放入预热好175℃的烤箱，上下火烤25分钟左右，直到表面金黄即可。

✓ 切达奶酪，英文名为cheddar cheese，又叫车打奶酪，车打芝士，是最常见的奶酪品种之一，在大部分超市都能买到。因为中文名有不同叫法，请认准英文名来购买就不会错了。除了切达奶酪片，还有切达奶酪丝也可以购买，就不用再切了。

✓ 这款饼干的口感是咸甜适中的。含糖不高，风味浓郁，很适合喜欢奶酪味道而且不喜欢太甜的朋友们。

✓ 奶酪在高温烤焙的时候会有稍微的焦化，饼干成品表面的深色斑点就是因为奶酪焦化而出现的哈。

✓ 纯巴马奶酪粉，在大型超市都可以买到，是一种咸味芝士粉，会让饼干更具有风味。

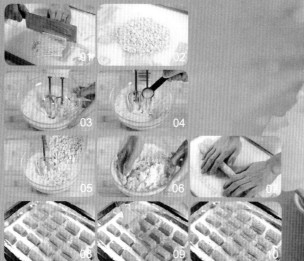

巧克力夹心脆饼

参考分量
36 块

┃配料┃

黄油 100g，蛋白 40g，低筋面粉 70g，糖粉 80g

饼干配料：黑巧克力 100g，黄油 20g

烤焙

烤箱上层，上下火，160℃，15分钟左右，烤至边缘金黄即可

制作过程

1. 黄油室温软化，加入糖粉搅拌均匀，再倒入蛋白搅拌均匀。

2. 搅拌均匀的黄油糊是浓稠幼滑的状态。（搅拌均匀即可，不要把黄油打发。）

3. 在搅拌好的黄油糊里倒入过筛后的面粉。

4. 继续搅拌均匀，成为饼干面糊。

5. 把饼干面糊装入裱花袋，用中号的圆孔裱花嘴在烤盘上挤出圆形面糊。每一个面糊之间要留出较大的间隔。

6. 面糊挤好后，放入预热好的烤箱，上层，上下火，160℃，15分钟左右，烤至边缘金黄即可出炉。面糊在烤的过程中会自动摊平成圆形薄片。

7. 刚烤出来的饼干虽然是圆形，但可能并不是太规整。饼干出炉后，趁热用大小合适的圆形切模将饼干不规整的边缘切去，修整成规则的圆形。

8. 接下来制作巧克力夹心。把黑巧克力和黄油都切成小块，放进碗里，把碗坐在热水里加热，并不断搅拌。直到巧克力和黄油完全熔化。准备一个8寸烤盘，在烤盘内铺上烤盘纸。把熔化的巧克力倒入烤盘里。

9. 用橡皮刮刀把巧克力稍稍抹平，使巧克力均匀铺在烤盘上。

10. 再端起烤盘用力震几下，巧克力的表面就会变得很平整了。

11. 等巧克力凝固以后，用同样大小的圆形切模切出圆形巧克力片。

12. 取两片圆饼干，中间夹上一片巧克力片即可。

0 失败 TIPS

⁄ 这款饼干和"蛋白薄脆饼"属于同类饼干，因为配料比例的调整，它在烘烤的过程中能摊得更薄。

⁄ 挤饼干面糊的时候，一定要注意每个面糊之间留出较大的间隔，以免饼干摊开后连在一起。

⁄ 刚出炉的饼干，一定要趁热用圆形切模切成规则的圆形。饼干冷却后，会变得很脆，切起来可能会碎。

⁄ 巧克力夹心凝固以后，仍然具有一定的黏度和柔软度，不要用手长时间接触，否则会在手上熔化。如果室温较低，夹心比较硬，不易粘在饼干上，可以将饼干放入烤箱稍微烤热一下，再加上夹心，巧克力夹心就会牢牢粘在两层饼干中间了。

⁄ 饼干做好后，不要马上食用，否则油感较重。放置一个晚上后再吃，口感更好哦。

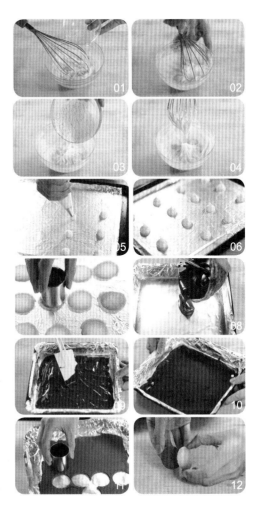

奶制品的那些事儿

烘焙 小贴士

烘焙的原料很多，不同种类的点心会需要用到不同的原料，刚接触的人往往会觉得头大。但这并不是最头疼的，最头疼的是，很多原料的名称非常类似，一不小心就会混淆，其中，奶制品表现得尤为突出。

头疼事小，用错原料使辛苦制作的甜点一败涂地就事大了。如果你曾经对"奶油"、"淡奶油"、"芝士"、"奶酪"等名称感到糊涂过，请别担心，往下看看吧。

奶油、黄油有什么区别？

在在有些配方里，也许不会有"黄油"这个词，而是用"奶油"这个词代替。如果你认为这里的奶油指的是涂在裱花蛋糕外面的那层白白的香甜的"奶油"，你可就错了。这里的奶油指的就是黄油。

黄油，英文名为 butter。它是从牛奶中提炼出来的油脂，所以，有些地方又把它叫做"牛油"。黄油中大约含有 80% 的脂肪，剩下的是水及其他牛奶成分，拥有天然的浓郁乳香。黄油在冷藏的状态下是比较坚硬的固体，而在 28℃ 左右，会变得非常软，这个时候，可以通过搅打使其裹入空气，体积变得膨大，俗称"打发"。黄油有无盐和含盐之分。一般在烘焙中使用的都是无盐黄油，如果使用含盐黄油，需要相应减少配方中盐的用量。

什么是植物黄油？

植物黄油的英文名是 margarine，它的其他中文名称很多，比如人工奶油、人造黄油，以及音译的玛琪琳、麦琪林等等。看到这么多名字如果觉得有点儿"晕"了，那么，记住它的英文名吧，这样就不会买错了。

顾名思义，植物黄油并非真正的黄油。它是将植物油部分氢化以后，加入人工香料模仿黄油的味道制成的黄油替代品，在一般场合下都可以代替黄油使用。而且，因为是人造的，所以，它拥有很灵活的熔点。不同的植物黄油，熔点差别很大。熔点较高的植物黄油，在室温下仍能保持较好的硬度，所以很多烘焙师喜欢用它们来制作千层酥皮，会比较好操作。

植物黄油和天然黄油比起来，具有其弱点，第一个弱点就是香味和口感差。而且，吃起来让人觉

得不舒服。所以，如果想要做出档次高的西点，烘焙师们仍然坚持使用黄油。植物黄油的第二个弱点则是因为植物油经过氢化后，会产生反式脂肪酸，因此大部分植物黄油都含有一定量的反式脂肪酸，会危害心血管的健康。

所以，如果是家庭烘焙，建议尽量使用天然黄油。

什么是奶酪？都有什么品种？

奶酪又叫芝士。通常是牛奶经过发酵制成的。奶酪的种类非常多，在烘焙里常见的有奶油奶酪、马苏里拉奶酪等，介绍如下：

奶油奶酪，英文名为 cream cheese，是一种未成熟的全脂奶酪，色泽洁白，质地细腻，口感微酸，非常适合用来制作奶酪蛋糕。奶油奶酪开封后非常容易变质，所以要尽早食用。

马苏里拉奶酪，英文名为 mozzarella cheese，受热后容易熔化，可以拉出长长的丝，常用来制作比萨。如果想要做出来的比萨能拉出长长的丝，就一定得使用马苏里拉奶酪了。

切达奶酪，英文名为 cheddar cheese，又叫车打奶酪，是一种原制奶酪，也是最常见的奶酪之一，在大部分超市都能买到。切达奶酪品种有很多，颜色与味道根据品种不同也有很大区别，颜色从白色到浅黄色不等，味道也有浓有淡。

马斯卡彭奶酪，英文名为 mascarpone cheese，是鲜奶酪的一种，制作过程未经发酵，所以口味清新，是制作著名甜点"提拉米苏"必备的原料。

在选购奶酪的时候，因为奶酪的中文名根据译音有时候会不一样，所以请一定注意查看包装上的英文名字，以免买错。

鲜奶油又是什么玩意儿？

鲜奶油，英文名为 cream，又叫做稀奶油。脂肪含量为 30% ~ 40%。它是可流动的浓稠白色液体，有烹饪用鲜奶油和打发用鲜奶油之分。后者英文名为 whipping cream，whippng 即"可打发的"。打发以后，就是我们平时所见的生日蛋糕上的裱花奶油了。

根据脂肪含量的不同，脂肪含量高于 36% 的鲜奶油叫做高脂奶油或者浓奶油。脂肪含量低于 36% 的则叫做淡奶油。

此外，和黄油一样，鲜奶油也有植物版的替代品，植物鲜奶油是人工合成的类似动物性鲜奶油的制品，价格低廉，打发后比动物性鲜奶油更加坚挺，但口感不如动物性鲜奶油。

烘焙用的奶粉有什么作用？

在本书里，用到的奶粉均指全脂奶粉。它是全脂牛奶脱去水分制成的粉末。奶粉的主要作用是提香，增加西点的香味与口感。

奶粉使用非常方便，所以很多时候直接使用它，而不使用牛奶，尤其是制作面包的时候。

在烘焙的时候，是绝对禁止将配方里的奶粉直接换成等量牛奶使用的，它们拥有完全不同的质地。正确的换算方法是：全脂奶粉和水以 1 比 9 的比例混合，就可以还原成全脂牛奶。

在本书的蛋糕篇里，既有简单易做半小时搞定的麦芬蛋糕，也有需要细心认真制作的裱花蛋糕。有馥郁香甜的高油脂蛋糕，也有清新无油的健康蛋糕。总之，满足你对蛋糕的一切想象——立刻开始这份幸福的体验吧！

Part 3
蛋糕

感受蛋糕的幸福滋味

　　看过一个调查：你最喜欢吃的西点是哪类？结果蛋糕以绝对优势名列第一。无论是生日、节日，或者哪怕只是简单的一次聚会，美味的蛋糕永远不会缺席。

　　比起饼干的休闲可口，面包的朴实松软，蛋糕更多了一份精巧，多了一份浪漫的气质。

　　当这份浪漫的气质由自己亲手制作出来的时候，就更是一种幸福了。

　　在本书的蛋糕篇里，既有简单易做半小时搞定的麦芬蛋糕，也有需要细心认真制作的裱花蛋糕。有馥郁香甜的高油脂蛋糕，也有清新无油的健康蛋糕。总之，满足你对蛋糕的一切想象——立刻开始这份幸福的体验吧！

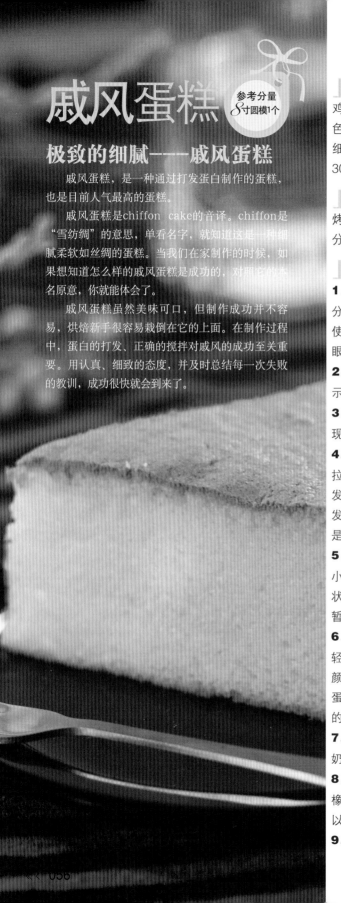

戚风蛋糕

参考分量
8寸圆模1个

极致的细腻——戚风蛋糕

戚风蛋糕，是一种通过打发蛋白制作的蛋糕，也是目前人气最高的蛋糕。

戚风蛋糕是chiffon cake的音译。chiffon是"雪纺绸"的意思，单看名字，就知道这是一种细腻柔软如丝绸的蛋糕。当我们在家制作的时候，如果想知道怎么样的戚风蛋糕是成功的，对照它的英文原意，你就能体会了。

戚风蛋糕虽然美味可口，但制作成功并不容易，烘焙新手很容易栽倒在它的上面。在制作过程中，蛋白的打发、正确的搅拌对戚风的成功至关重要。用认真、细致的态度，并及时总结每一次失败的教训，成功很快就会到来了。

配料

鸡蛋5个（约50g/个），低筋面粉85g，色拉油（无味蔬菜油）40g，鲜牛奶40g，细砂糖60g(加入蛋白中)，细砂糖30g(加入蛋黄中)

烤焙

烤箱中下层，上下火，170℃，约45~50分钟

制作过程

1. 准备材料，面粉需要过筛，蛋白、蛋黄分离，盛蛋白的盆要保证无油无水，最好使用不锈钢盆。用打蛋器把蛋白打到呈鱼眼泡状的时候，加入1/3的细砂糖(20g)。

2. 继续搅打到蛋白开始变浓稠，呈如图所示比较密的泡沫时，再加入1/3糖。

3. 再继续搅打，到蛋白比较浓稠，表面出现纹路的时候，加入剩下的1/3糖。

4. 再继续打一会儿，当提起打蛋器，蛋白能拉出弯曲的尖角的时候，表示已经到了湿性发泡的程度。如果是做戚风蛋糕卷，蛋白打发到这个程度就可以了。但我们现在制作的是常规的戚风蛋糕，就还需要继续搅打。

5. 提起打蛋器的时候，蛋白能拉出一个短小直立的尖角，就表明达到了干性发泡的状态，可以停止搅打了。把打发好的蛋白暂时放进冰箱保存，接下来制作蛋黄糊。

6. 把5个蛋黄加入30g细砂糖，用打蛋器轻轻打散。不要把蛋黄打发(如果蛋黄被打到颜色变浅，体积变大，就说明被打发了。蛋黄打发会导致戚风蛋糕成品中出现较大的孔洞，不够细腻)。

7. 在打散的蛋黄里加入40g色拉油和40g牛奶，搅拌均匀。

8. 在蛋黄混合物里加入过筛后的面粉，用橡皮刮刀轻轻翻拌均匀。不要过度搅拌，以免面粉起筋。

9. 盛1/3打发好的蛋白到蛋黄糊中。

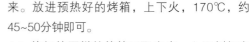

10. 用橡皮刮刀轻轻把蛋白和蛋黄糊翻拌均匀(从底部往上翻拌，不要划圈搅拌，以免蛋白消泡)。

11. 翻拌均匀后，把蛋黄糊全部倒入盛蛋白的盆中。

12. 用同样的手法翻拌均匀，直到蛋白和蛋黄糊充分混合。（混合好的状态应该是比较浓稠均匀的浅黄色。如果你做到这一步，蛋糕糊能达到图中状态的话，那么恭喜你，你已经成功了90%。）

13. 将混合好的蛋糕糊倒入模具，抹平，用手端住模具在桌上用力震两下，把内部的大气泡震出

来。放进预热好的烤箱，上下火，170℃，约45~50分钟即可。

14. 烤好的蛋糕从烤箱里取出来，立即倒扣在冷却架上直到冷却。然后，脱模，切块即可享用。也可以将它作为基础蛋糕坯，用来制作各式裱花蛋糕。

0失败TIPS

1 蛋白在20℃左右最容易打发，所以很多戚风蛋糕的方子里提到打发蛋白的时候鸡蛋要提前从冰箱拿出来回温，就是这个道理。不过，因为蛋白打发比全蛋打发要容易得多，所以即使冷藏状态下蛋白也会很容易打发，而且，低温有助于保持泡沫的稳定性，不至于太快消泡。所以，其实不回温来打也是可以的哈。

2 因为戚风蛋糕烤焙的时候，需要依靠模具壁的附着力向上爬，所以戚风烤的时候不能使用防粘的蛋糕模，也不能在模具周围涂油，否则戚风会长不高（当然，在蛋糕模周围铺油纸也是同样禁止的）。

3 如果没有足够的制作经验和专业知识，不要随意调整戚风的配方。成功的戚风不仅仅是外形完整不回缩，且应该拥有如云朵般细腻的质地，以及极其松软细腻的口感，这比完整的外形更加重要。对于戚风的配方，不要想当然——比如，不要以为在配方中多加一个鸡蛋会让蛋糕更加松软，这样反而会让蛋糕口感更硬。

4 戚风蛋糕的成功，有两个关键，其一是蛋白一定要打发充分，其二是蛋黄糊与打发的蛋白混合的时候一定要注意手法，避免消泡。一定不要用打圈的方式来搅拌蛋糕糊，否则极易造成蛋白的消泡，而应该采用类似炒菜的从底部往上翻拌的手法。

5 制作戚风，一定要使用无味的植物油，绝对不可以使用花生油、橄榄油这类味道重的油，否则会完全破坏戚风清淡的口感。制作戚风也不能使用黄油，因为只有轻盈的植物油才能创造出戚风柔润的质地。

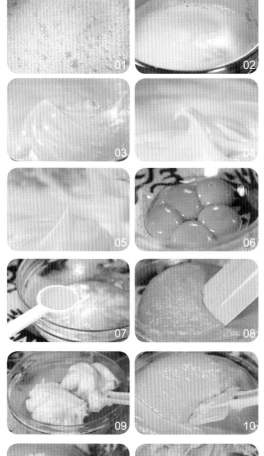

4. 将淡奶油打发到可以裱花的程度。如果是动物性淡奶油，需要根据个人口味添加细砂糖或糖粉后再打发。如果是植脂甜点奶油，则本身就是甜的，无需再加糖了。

5. 取一片切好的圆蛋糕片，用中号菊花型裱花嘴在表面挤满打发后的淡奶油。

6. 在淡奶油上撒一些蜜红豆。

7. 然后再挤上一层淡奶油。

8. 盖上另一片圆蛋糕片。在蛋糕片表面挤上一圈淡奶油(中间不要挤)。

9. 在中间放上蜜红豆，并筛一些糖粉在表面做装饰即可。

参考分量 8个

抹茶蜜语

配料

抹茶戚风蛋糕配料（8寸烤盘1个）：鸡蛋2个，低筋面粉30g，抹茶粉5g，色拉油16g，鲜牛奶16g，细砂糖24g（加入蛋白中），细砂糖12g（加入蛋黄中）

装饰配料：动物性淡奶油或植脂甜点奶油100ml，蜜红豆适量，糖粉适量

烤焙

烤箱中层，上下火，175℃，18分钟左右

制作过程

1. 低筋面粉和抹茶粉混合均匀，过筛。根据戚风蛋糕的制作方法(参见56页)做好蛋糕面糊。需要注意的是，蛋白打发到湿性发泡即可。把做好的蛋糕糊倒入铺了锡纸或油纸的8寸烤盘，并尽量抹平，放入烤箱中层，175℃，烤焙18分钟左右。

2. 蛋糕出炉后，撕去周围的烤盘纸，并让蛋糕充分冷却。

3. 用直径6cm的圆形切模工具，在冷却后的蛋糕上切出一片片圆形的蛋糕片。

０失败TIPS

✓ 抹茶粉在超市的进口货架可以买到。抹茶粉和绿茶粉虽然看起来很像，但是使用效果差距很大，绿茶粉制作的蛋糕呈暗黄色，而抹茶粉制作的蛋糕才能呈现鲜亮的绿色，因此不能随意替代。

✎ 此款蛋糕制作过程中需要使用圆形切模工具，如果没有，可以找一个小号的易拉罐，横剪开，代替切模。

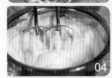

香草奶油馅

参考分量 1 份

配料

牛奶 200g，细砂糖 50g，蛋黄 2 个，玉米淀粉 10g，低筋面粉 10g，香草精数滴，动物性淡奶油 100ml

制作过程

1. 蛋黄用打蛋器打到浓稠，颜色略发白。

2. 低筋面粉和玉米淀粉混合过筛，筛入蛋黄糊里。

3. 用打蛋器轻轻搅拌，使面粉和蛋黄糊混合均匀。

4. 牛奶加糖，倒入奶锅里煮至沸腾。把1/3煮沸的牛奶缓缓地倒入第3步做好的蛋黄面糊里。边倒边不停地搅拌，以防止蛋黄面糊结块。

5. 牛奶与蛋黄面糊搅拌均匀后，再全部倒回牛奶锅里，并轻轻拌匀，加入几滴香草精。

6. 奶锅重新用小火加热，边加热边不停搅拌，直到面糊沸腾、变得浓稠后，立即离火。马上把煮好的蛋乳泥倒入坐在冰水的碗里。

7. 不停地搅拌倒出来的蛋乳泥，使蛋乳泥保持细腻光滑的状态，不结块，不起疙瘩。搅拌到蛋乳泥差不多冷却的时候，用保鲜膜盖起来，放在冰箱里。

8. 当蛋乳泥变得冰凉以后，把100ml的动物性淡奶油打发到可以保持花纹的状态，和蛋乳泥混合，并用橡皮刮刀拌匀，香草奶油馅就做好了。

0失败TIPS

1. 香草奶油馅其实是香草蛋乳泥和打发后的动物性淡奶油混合而成的。因此关键在于制作香草蛋乳泥。

2. 制作蛋乳泥的时候，必须根据制作步骤一步一步来，不要随意改变制作步骤，这样才能做出最香滑可口的蛋乳泥。

3. 蛋乳泥煮制的火候很关键，因为含有面粉和玉米淀粉，所以一定要煮至沸腾，不然会有生粉味儿。但又不能煮过头，否则蛋乳泥会变得太浓稠，甚至结块。

4. 煮好的蛋乳泥要立即放在坐了冰水的碗里，并不停搅拌。这样可以防止余温继续加热导致蛋乳泥结块，也保证了蛋乳泥细腻的口感。这样做出来的蛋乳泥，即使在冰箱冷藏后，也会依然幼滑细腻，不会硬。

5. 蛋乳泥做好后，用保鲜膜盖好，可以在冰箱保存2天左右。

6. 冷藏过后的蛋乳泥加上动物性淡奶油，创造的香草奶油馅确实非常可口，填在北海道戚风里，真的和吃冰淇淋一样哦。

北海道戚风蛋糕

参考分量 12个 120ml纸杯

不容错过的最柔软的戚风

对这款北海道戚风，凡是吃过的人，几乎是众口一词地好评。"从没吃过这么柔软的蛋糕""像吃冰淇淋一样""吃过一口就忘不掉了"……

之所以如此令人难以忘怀，是因为它几乎把戚风柔软的特点发挥到了极致，也充分利用了纸杯的特性。这款戚风的面粉含量非常低，低到不足以支撑它本身的结构。所以它是不能用圆模来烤的，用圆模烤一定会塌下去。虽然用纸杯烤也会塌，但正好可以在内部打入奶油馅来填补，成为一款看上去丑丑的，吃起来却惊喜不已的蛋糕。

说起来，这种含蛋量高、面粉含量低的戚风并不是什么新鲜事物，但稍微加了一点创造，就征服如此多的人。只能说，在烘焙里，我们缺少的从来不是配方，也不是热情，而是一点点创新和一点点灵感。

另外，北海道戚风要做得美味，香草奶油馅同样重要，一定要按配方认真制作哦！

配料

鸡蛋 4 个,低筋面粉 35g,细砂糖 50g（加入蛋白里）,细砂糖 30g（加入蛋黄里）,色拉油 30g,牛奶 30g,香草奶油馅 1 份（制作方法见 59 页）

烤焙

烤箱中层,上下火,180℃,约 15 分钟

制作过程

1. 把鸡蛋的蛋白和蛋黄分离。要保证盛蛋白的碗里无油无水。蛋白分3次加入细砂糖,并打发到可以拉出弯弯尖角的湿性发泡的状态。打发好的蛋白暂时放入冰箱冷藏备用。

2. 蛋黄加入细砂糖,打匀,再加入牛奶和色拉油打匀。

3. 筛入低筋面粉,并拌成均匀的面糊。

4. 先盛1/3蛋白到蛋黄面糊里,用橡皮刮刀轻轻拌匀,再把拌匀的面糊重新倒回蛋白盆里,继续用橡皮刮刀翻拌均匀。

5. 应该采用从底部往上翻拌的手法,不要打圈搅拌,否则会造成打发好的蛋白消泡,也会使蛋糕面糊变稀。拌好的面糊应该呈现浓稠、细腻、均匀的状态,才能保证蛋糕的成功。

6. 把面糊装入纸杯,五六成满即可。千万不要装得太满。放进预热好180℃的烤箱,烤焙15分钟左右,至表面金黄即可出炉。

7. 等蛋糕冷却以后,用小圆孔的裱花嘴从中间插入蛋糕内部,在内部挤入香草奶油馅,挤到蛋糕表面微微鼓起即可。拔出裱花嘴以后,香草奶油馅会在表面稍微溢出一点,形成一个小圆点儿。最后在蛋糕表面撒一些糖粉就可以吃了。

失败TIPS

这款蛋糕的制作方法和普通戚风蛋糕完全一致,更详细的制作过程请参看 56 页戚风蛋糕的制作方法。

做这款蛋糕,蛋白只需要打到湿性发泡,可以让蛋糕的口感更加绵软。

北海道戚风一般用 120ml 的方纸杯来制作,当然,你完全可以使用圆形的纸杯。根据纸杯的大小,制作的数量是不一样的。尤其需要注意,烤焙之前,每个纸杯里的面糊不能超过六成满,否则烤的时候面糊膨胀后就会溢出来。

法式海绵蛋糕

参考分量
11寸
方烤盘1盘

　　如果说有两类蛋糕烘焙爱好者不可不试的话。一种是戚风蛋糕，另一种就是海绵蛋糕。

　　海绵蛋糕一般有两种做法，全蛋打发法和分蛋打发法。全蛋打发法是最传统的海绵蛋糕制作方法，制作的蛋糕十分膨松，但口感却不如戚风蛋糕细腻。分蛋打发法经过逐步演变与配方调整后，就是后来的戚风蛋糕了。

　　虽然戚风蛋糕十分符合现代人的口味，一经出现立刻占据了主导地位，但海绵蛋糕作为曾经的经典，同样有它不可替代的魅力。直到现在，很多人仍然偏好海绵蛋糕的口感，比如我亲爱的老妈，一直视海绵蛋糕为最爱。

　　海绵蛋糕的组织比戚风结实，可以承受较大的重量而不塌陷，很适合制作慕斯蛋糕或乳酪蛋糕的底层，以及大型裱花蛋糕中间的夹层。此外，海绵蛋糕的制作流程也非常简单，比较容易上手。给家里的长辈们送上一盘简单可口的海绵蛋糕，一定会得到他们的喜爱。

配料

鸡蛋 300g(6 个)，低 筋 面粉 200g，细 砂糖 150g，植物油或熔化的黄油 50g

烤焙

烤箱中层，上下火，180℃，15~20 分钟

制作方法

1. 准备材料，鸡蛋提前从冰箱拿出回温，面粉过筛。

2. 准备一个稍微大点的盆，鸡蛋打入盆里。

3. 再将细砂糖一次性倒入。

4. 取一个锅，锅里放入热水，把打蛋盆坐在热水里加热，并用打蛋器将鸡蛋打发。

5~6. 随着不断地搅打，鸡蛋液会渐渐产生稠密的泡沫，变得越来越浓稠。

7~8. 将鸡蛋打发到提起打蛋器，滴落下来的蛋糊不会马上消失，可以在盆里的蛋糊表面画出清晰的纹路时，就可以了(整个打发的过程约需要15分钟)。

9. 分3~4次倒入低筋面粉，用橡皮刮刀小心地从底部往上翻拌，使蛋糊和面粉混合均匀。不要打圈搅拌，以免鸡蛋消泡。

10. 在搅拌好的蛋糕糊里倒入植物油或者熔化的黄油，继续翻拌均匀。

11. 在烤盘里铺上油纸，把拌好的蛋糕糊全部倒入烤盘。

12. 把蛋糕糊抹平，端起来用力震几下，可以让蛋糕糊表面变得平整，并把内部的大气泡震出来。把烤盘送入预热好180℃的烤箱，烤15~20分钟，用牙签插入蛋糕内部，拔出来后牙签上没有粘上蛋糕，就表示熟了。

0 失败 TIPS

1 海绵蛋糕需要打发全蛋，全蛋的打发比只打发蛋白困难得多，所耗的时间也更长。全蛋无法像蛋白一样打发到出现尖角的程度，而是打到步骤图8的样子就可以了。

2 全蛋在40℃左右的温度下最容易打发，所以在打发全蛋的时候（尤其是冬天），需要把打蛋盆坐在热水里加温，使全蛋更容易打发。

3 在打发的鸡蛋里加入面粉的时候，一定要分3~4次把面粉加入，不可一次性把面粉全倒入，否则很难翻拌均匀，容易导致鸡蛋消泡。而且，翻拌的时候一定要从底部向上翻拌，绝对不可以划圈搅拌，否则鸡蛋一定会消泡的。

4 如果使用黄油，蛋糕的味道会更香。倒入油脂后，需要耐心并且小心地数次翻拌，才能让油脂完全和蛋糕糊融合，一定不可操之过急，不要划圈搅拌。

5 蛋糕糊做好后，必须有一定的稠度，并且尽量不要有大气泡。如果拌好的蛋糕糊不断地产生很多大气泡，则说明鸡蛋的打发不到位，或者搅拌的时候消泡了，需要尽力避免这种情况。

6 成功的海绵蛋糕，烤好以后应该是油润膨松的口感，只有正确地打发鸡蛋和正确地翻拌蛋糕糊，才能得到最佳品质的蛋糕。

7 海绵蛋糕烤的时间不要太长，否则会导致蛋糕口感发干。

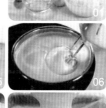

香蕉蛋糕

秋冬的能量蛋糕

参考分量
11寸
方烤盘1盘

香蕉蛋糕，温暖厚实，充满能量，加上香甜的口感，非常适合秋冬季节食用。就着暖茶吃上两块，会从嘴里一直热乎到心里。

配料

低筋面粉 240g，鸡蛋 4 个，黄油 200g，细砂糖 130g，红糖 70g，牛奶 60g，香蕉 250g（去皮后重量），泡打粉 1 小勺 (5ml)，小苏打 1/2 小勺 (2.5ml)

烤焙

烤箱上层，上下火 180℃，烤 10 分钟左右，表面上色后关上火，只开下火继续烤 15 分钟左右

制作过程

1. 打蛋盆洗净擦干，保证打蛋盆干净并且无油无水，打入鸡蛋并且加入细砂糖和红糖，用电动打蛋器高速打发。

2. 鸡蛋要打发到非常浓稠的状态，提起打蛋器时，上面的蛋液缓缓滑落，并可以在盆里画出花纹，花纹不会马上消失。

3. 把黄油加热熔化成液态，加入打发好的鸡蛋液里，并用打蛋器搅打均匀。(黄油的温度不要太高，略高于40℃最好。)

4. 加入牛奶，并搅拌均匀。

5. 把香蕉放在保鲜袋里，用手或工具拍打成泥状。

6. 把香蕉泥加入第4步的混合液里，搅拌均匀成为香蕉蛋糊。

7. 面粉、泡打粉、小苏打混合过筛，加入香蕉蛋糊里用橡皮刮刀拌匀。

8. 在烤盘里铺上油纸，把蛋糕面糊倒入烤盘，放进预热好的烤箱，180℃，烤箱上层，上下火，烤10分钟左右，到表面上色后关掉上火，只开下火继续烤15分钟左右，一共烤约25分钟。

0失败TIPS

1. 烤焙的时间和温度仅供参考，请根据烤箱实际情况酌情调整。检测香蕉蛋糕是否烤熟的方法：用牙签插入蛋糕内部，拔出牙签后，牙签上没有粘黏物，就表示好了。注意不要烤过头，否则蛋糕口感会发干。

2. 尽量选择熟透的香蕉，表皮开始发黑的最好，这样烤出来的蛋糕才够香。

3. 烤好的蛋糕，冷却后，切成小块食用。如要保存请注意密封，室温放置即可，不要放在冰箱冷藏室，否则蛋糕会变硬。此蛋糕视季节及储存条件可保存4~7天，建议尽早食用。

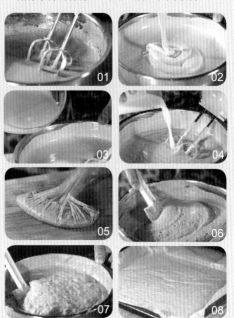

椰蓉果酱蛋糕

参考分量
8 个

配料

鸡蛋3个，低筋面粉60g，椰浆粉15g，水20ml，黄油50g，细砂糖60g

表面装饰：椰蓉适量，黄油100g，糖粉35g，果酱适量

烤焙

烤箱中层，上下火,190℃, 20分钟左右

制作过程

1.鸡蛋打入大碗，加入细砂糖。锅里倒热水，把大碗放在热水里，用电动打蛋器将鸡蛋打发。

2.将鸡蛋打发到非常浓稠的状态，提起打蛋器时，滴落的蛋糊可以在蛋糊表面划出花纹并且花纹维持较长时间不消失。这就表示打发好了。

3.椰浆粉和水混合制成浓椰浆，倒入蛋糊。

4.50g黄油熔化成液态，倒入打发好的鸡蛋里，并用橡皮刮刀从底部往上翻拌均匀。

5.倒入过筛的低筋面粉，用橡皮刮刀从底部往上翻拌均匀。

6.将面糊倒入铺了烘焙纸的8寸烤盘，用190℃烤焙20分钟左右。用牙签插入蛋糕内部，取出的牙签上没有粘黏物，就表示已烤好。

7.蛋糕从烤箱取出后立即脱模，撕开四周的烘焙纸，使热气散出。等待蛋糕冷却。

8.用直径4.5cm的圆形切模在冷却的蛋糕上切出圆形的蛋糕片。一个8寸烤盘烘烤出的蛋糕可以切出16个蛋糕片。

9.100g黄油室温软化以后，加入35g糖粉，用打蛋器充分打发，成为黄奶油。

10.每两个蛋糕片中间涂上果酱，夹起来。在蛋糕外侧涂抹一层黄奶油，并在椰蓉里滚一下，使四周均匀沾上椰蓉。

11.在小蛋糕的顶部挤一圈黄奶油，中间挤上一些果酱，椰蓉果酱蛋糕就做好了。

0失败甜点厨房

1 这款蛋糕和基础海绵蛋糕的制作基本一致，可参考62页海绵蛋糕的制作方法。

2 如果没有椰浆粉，可以用35g椰浆代替椰浆粉和水。但椰香味会稍微逊色一些。

3 做好的蛋糕冷藏一晚，第二天风味更佳。

蜂蜜蛋糕

参考分量
6~12个

谁敢说没吃过？

  蜂蜜蛋糕，大概是自我有记忆以来就一直伴随着我的东西。小时候的蜂蜜蛋糕，厚实、硬、噎人，一小袋六到八个，常买来当早餐。记得我爸那会儿晚上老喜欢吃点东西，必选品种里貌似也有它。有人问了：看你这描述，一点儿也不好吃，频频买它是为哪般啊？——先别急着说我，嘿嘿，我就不信你没干过这事儿。

  即使是现在的市面上，也依然有着蜂蜜蛋糕顽固的身影。但口感已经比以前大大改善了。至少我就常见到卖蜂蜜蛋糕的地方，爷爷奶奶级别的人，往往一买两大袋儿。我经常怀疑这是一种怀旧的情绪在作祟，上了年纪的人都有点这意思。

  可是，现在很多地方卖的蜂蜜蛋糕确实好吃，和现在松软、膨松、细腻的蜂蜜蛋糕比起来，我小时候真没少亏待我自己。

  当然，最后我必须要说的是，自个儿在家做的，比外边卖的好吃得多了。不信？试试吧！

Part 1
烘焙
基础

Part 2
饼干

Part 3
蛋糕

Part 4
面包

Part 5
派、塔及
其他点心

▌配料

低筋面粉80g，鸡蛋100g（2个中等大小的鸡蛋），蜂蜜40g，细砂糖40g，色拉油（无味植物油）30ml

▌烤焙

烤箱中层，上下火，190℃，15分钟（根据模具大小和烤箱实际情况酌情调整）

▌制作过程

1. 将细砂糖、蜂蜜倒入大碗中，在碗中打入鸡蛋。

2. 锅里倒热水，把盛鸡蛋的大碗放在热水里，用电动打蛋器将鸡蛋打发。

3~4. 一开始可以用低速搅拌，等到形成细腻的乳沫以后，换高速搅拌，在打发的过程中，鸡蛋会越来越浓稠。

5. 直到将鸡蛋打发到非常浓稠的状态，提起打蛋器时，滴落的蛋糊可以在蛋糊表面划出花纹并且花纹维持较长时间不会消失，同时打蛋器头上保持有2~3cm的蛋糊不会滴落。这个程度就表示打发好了。

6. 在打发好的蛋糊里筛入低筋面粉。

7. 用橡皮刮刀以从底部向上翻拌的形式，将面粉和蛋糊彻底拌匀。不要打圈搅拌，以免打发好的鸡蛋消泡。(面粉最好分两次筛入，将第一次的面糊拌匀以后，再第二次筛入面粉。)

8. 在拌好的面糊里倒入30ml的色拉油，也采用翻拌的形式拌匀，成为蛋糕糊。

9. 把蛋糕糊倒入蛋糕模具里，1/2到2/3的厚度。将模具放入预热好190℃的烤箱中层，烤焙15分钟左右，表面金黄色即可出炉。

𝟎失败TIPS

⒈ 全蛋在40℃左右的温度下最容易打发，所以采用将打蛋碗坐在热水里的方式，让全蛋液温度升高，有利于鸡蛋的打发。但温度不可过高，否则也会影响鸡蛋的打发以及蛋沫的稳定性。

⒉ 全蛋的打发比蛋白的打发要困难。推荐用电动打蛋器。如果用手动打蛋器，很难打到位。

⒊ 必须使用无味的植物油，大豆油、玉米油都可以，切记不要使用茶油、花生油、橄榄油之类味道特殊的油，否则做出的蛋糕口感就很怪异了。

⒋ 鸡蛋的打发要彻底，同时，和面粉拌匀的时候，一定要注意手法。如果打发不当或者拌法不当，会影响蛋糕的松软，甚至导致蛋糕根本膨发不起来。

蓝莓装饰蛋糕

参考分量
6寸1个

超简单装饰蛋糕

逢年过节，或者过生日的时候，如果没有一个漂亮的蛋糕，似乎快乐的气氛总是差了那么一点儿意思。

也许制作一款精美绝伦的蛋糕有点费力气，那么，这款蓝莓装饰蛋糕，似乎非常值得试试。不需要色素，不需要挖空心思地挤花，简单的蓝莓与巧克力的点缀，也可以很漂亮。

配料

蛋糕坯（6寸海绵蛋糕1个）：鸡蛋2个，细砂糖60g，低筋面粉48g，黄油30g(熔化)
装饰材料：大杏仁30g，牛奶巧克力一小块，新鲜蓝莓120g，动物性淡奶油200ml，细砂糖25g，糖粉适量

烤焙

烤箱中层，上下火，180℃，30分钟(温度和时间仅供参考，请根据烤箱实际情况调整)

制作过程

1. 首先，制作一个6寸的圆海绵蛋糕。2个鸡蛋提前从冰箱拿出来回温。把鸡蛋打入打蛋盆，并倒入60g细砂糖。取一个锅，锅里放入热水，把打蛋盆坐在热水里加热，并用打蛋器将鸡蛋打发。

2. 随着不断的搅打，鸡蛋液会渐渐产生稠密的泡沫，变得越来越浓稠。

3. 将鸡蛋打发到提起打蛋器，滴落下来的蛋糊不会马上消失，可以在盆里的蛋糊表面画出清晰的纹路时，就可以了。

4.分2~3次筛入低筋面粉，用橡皮刮刀小心地从底部往上翻拌，使蛋糊和面粉混合均匀。不要打圈搅拌，以免鸡蛋消泡。

5.在搅拌好的蛋糕糊里倒入熔化的黄油(黄油的温度在40℃左右，不要过高)。

6.继续翻拌均匀，成为细腻、浓稠、均匀的蛋糕糊。

7.把蛋糕糊倒入蛋糕模，放进预热好的烤箱，180℃烤半个小时左右。用一根牙签扎入蛋糕内部，取出牙签，如果牙签上没有残留物，就表示已经熟了，可以出炉了。

8.蛋糕冷却以后脱模(海绵蛋糕不需要倒扣冷却)，削去顶部凹凸不平的部分，横切成3片，就可以用来裱花了。

9.裱花的准备工作：准备好裱花台、裱花袋、裱花嘴、蛋糕抹刀；把蓝莓洗净，取一半的新鲜蓝莓切碎；牛奶巧克力用小刀切成碎末；大杏仁用食品料理机打成较细的碎末。200ml淡奶油加入25g细砂糖，并用打蛋器打发。

10.淡奶油在打发前必须冷藏12个小时以上，否则难以打发。打发到可以保持花纹的程度就OK了。淡奶油切不可打发过度，否则会导致油水分离，表现为类似豆腐渣的状态。

11.取一片海绵蛋糕放在裱花台上，用抹刀抹上一层淡奶油。

12.抹好淡奶油以后，撒上一层切碎的新鲜蓝莓。

13.盖上第二片海绵蛋糕，继续抹上一层淡奶油并撒上剩下的新鲜蓝莓碎。

14.盖上第三片海绵蛋糕。

15.在蛋糕顶部和外侧都涂上打发的淡奶油，用抹刀抹平。

16.接下来，就是最外层的裱花了：在蛋糕顶部中间用小号菊花形裱花嘴挤上一圈奶油，在奶油圈里铺上新鲜蓝莓粒。蛋糕周围挤上8朵奶油花，每朵奶油花上放一颗新鲜蓝莓。其他空白的地方撒上巧克力碎。最后，在蛋糕侧面粘上一层大杏仁碎末，裱花就完成了。(成品图上很清楚，照着做就行哈，当然，也可以发挥你的创意。)

0失败TIPS

1 这款蛋糕用海绵蛋糕作为蛋糕坯。你也可以根据自己的喜好，换成戚风蛋糕。戚风蛋糕的制作请参考56页。

2 这款蛋糕的裱花方法非常简单，也可以尽情发挥自己的创意，创造出自己独一无二的裱花蛋糕。

3 用小刀把牛奶巧克力切碎的时候，不要直接用手捏着巧克力，要戴上手套或者隔一块干净的布，否则手的温度会让巧克力熔化。

4 大杏仁放进食品料理机的研磨杯，打几下就成碎末了，非常简单。将大杏仁碎末随意地沾在蛋糕侧面，不用太均匀，就可以营造出不错的效果了。

天使蛋糕

参考分量
8寸圆模1个

天使蛋糕最大的特点在于配方中舍去了蛋黄，也不使用任何油脂。它比基础戚风蛋糕要简单得多。因为不含油脂，天使蛋糕的面糊更加稳定，在烤制过程中不易开裂，冷却后也不易回缩。同样也因为不含油脂，天使蛋糕的口感不像戚风般细腻柔软，而是具有一定的韧劲，习惯了戚风蛋糕细腻的口感，再尝天使蛋糕，会别有一番不同感觉。

配料

蛋白6个（约200g），细砂糖140g，低筋面粉65g，玉米淀粉10g，盐1g，塔塔粉或白醋适量

烤焙

烤箱中层，上下火，190℃，约35分钟

制作过程

1.将蛋白用打蛋器打至呈鱼眼泡状后，加入盐，滴入几滴白醋（或加少许塔塔粉），分3次加入细砂糖，打到湿性发泡。（关于蛋白的打发技巧及打发程度，请参考戚风蛋糕制作步骤。）

2.低筋面粉和玉米淀粉混合过筛后，倒入蛋白中。

3.用橡皮刮刀轻轻把面粉和蛋白翻拌均匀，拌的时候，用橡皮刮刀从底部向上翻拌，不要划圈搅拌以免面粉起筋、蛋白消泡。

4.拌好的蛋糕糊应该呈现浓稠、细腻的状态。

5.将蛋糕糊倒入模具，抹平。手抓住模具用力震两下，把大气泡震出来。然后放入预热好的烤箱，190℃，烤35分钟左右即可出炉。

0失败TIPS

1. 在蛋白中加入塔塔粉或者白醋，是为了平衡蛋白的碱性。这在天使蛋糕中尤其重要，因为天使蛋糕只使用蛋白制作，如果蛋白碱性过高，烤出来的蛋糕将呈乳黄色，不能呈现洁白的质感，而且口感也会不好。

2. 天使蛋糕不含油分，很有韧性，弹性丰富。出炉后，即使不倒扣冷却，也不容易回缩。另外，因为它具有韧性，不像戚风蛋糕那么容易破裂，所以脱模也非常容易，即使多折腾它几下，也不会破坏外表的完整性。

3. 因为韧性太高的蛋糕口感并不好，所以，在天使蛋糕的配方中，应该尽量使蛋糕更松软膨松。本配方中，在低筋面粉的基础上，再加入了部分玉米淀粉，有利于降低面粉的韧性，使蛋糕更加膨松，体积更大，口感更好。

4. 盐在天使蛋糕中也是很重要的配料。它也有增加蛋糕洁白程度的作用，另外，它可以增加蛋糕的香味。

5. 制作天使蛋糕，蛋糕师喜欢选用空心模来做，更有"天使"的感觉。如果你有空心模，最好也用它来做。但是，模具只是改变蛋糕的外形，精良的制作才决定蛋糕的口感。

6. 天使蛋糕可以作为裱花的基础蛋糕坯，也可以直接涂抹上果酱食用。

Part 1
烘焙
基础

Part 2
饼干

Part 3
蛋糕

Part 4
面包

Part 5
派、塔及
其他点心

认识麦芬蛋糕

对于麦芬蛋糕这种小东西，大家肯定不陌生，很多西点店都能看到它们的身影。麦芬蛋糕英文名为muffin，中文又叫玛芬蛋糕、妙芙蛋糕等。它因为制作简便，耗时短，美味可口，也非常受到烘焙爱好者的欢迎。

麦芬的制作非常简单，但其中也含有不少学问。如果你曾经仔细留心过麦芬的配方，有没有发现不同的配方之间，有那么点不一样的地方？——为什么有的用植物油，有的用黄油？为什么有的油脂含量很高，有的很低？为什么有的需要打发黄油，有的不需要？

没错，你发现问题了。其实，这些不同，正代表了两种主流的麦芬制作方法，我们称之为传统法与乳化法。

那么，它们具体有什么区别？我们一起来了解一下。

传统法是麦芬最开始出现时便流行的做法，直到现在，它仍然在很多地区流行。用传统法制作麦芬时，只需要使用植物油就可以。当然，也可以使用黄油，但是，需要把黄油熔化成像植物油一样的液态。传统法的基本流程是：将所有湿性材料（油、牛奶、鸡蛋等）混合均匀，同时将干性材料（面粉、盐、泡打粉、糖等）在另一个碗里混合均匀，然后，把两种混合物混合搅拌均匀，立即入模烘焙。

使用传统法制作麦芬蛋糕，需要注意的是，当干湿两种混合物没有混合在一起的时候，它们可以各自保存较长时间，但一旦混合，就必须马上烤焙，否则会影响麦芬的膨发。

传统法十分简单，但是做出来的麦芬组织较粗糙，不那么细腻，所以，在很多烘焙书里，并不把麦芬归到"蛋糕"这一类，而是归到"简易面包"里。

为了制作出更细腻的产品，乳化法就应运而生了。

乳化法和传统法不同的地方在于，它必须使用黄油（或植物黄油），通过打发黄油，并且少量多次地加入鸡蛋使其与黄油充分乳化，来创造出细腻的组织。乳化法的基本流程是：将黄油软化后，加糖打发，分次加入打散的鸡蛋，每一次加入都需要使鸡蛋和黄油充分乳化再加下一次。之后，再依次加入其他液体配料、粉类、果料等，搅拌均匀成为面糊，然后入模烘焙。

乳化法从制作上比传统法要复杂，一般情况下配方中的油脂含量也要高于传统法，但是它可以得到更细腻的组织，而且，它的面糊拌好以后，比传统法的面糊要经得起放置。

本书介绍了几款麦芬蛋糕的制作方法，传统法和乳化法都有涉及。蜜豆麦芬蛋糕、超软巧克力麦芬是使用乳化法制作的，而蔓越莓麦芬蛋糕、意式比萨蛋糕、香蕉巧克力麦芬则是使用传统法制作的。如果有兴趣，可以分别尝试一下，对它们的区别会有更直观的了解。

01 02 03
04 05 06
07 08
09 10

蜜豆麦芬蛋糕

参考分量
中等纸杯
6 个

▌配料

黄油 60g，细砂糖 60g，鸡蛋 50g，牛奶 50ml，柠檬汁 15ml，低筋面粉 100g，盐 1/8 小勺（0.625ml），泡打粉 1/2 小勺 (2.5ml)，蜜豆 60g

▌烤焙

烤箱中层，上下火，185℃，约 30 分钟（时间与温度仅供参考，需视烤箱实际情况及模具大小酌情调整）

▌制作过程

1. 将柠檬切开，挤出汁备用。

2. 低筋面粉和泡打粉、盐混合，过筛后备用。

3. 黄油软化后，加入细砂糖打发。打到颜色发白，体积稍膨大。

4. 分 3 次加入打散的鸡蛋液，每一次都需要使鸡蛋和黄油完全融合后再加下一次。

5. 加入牛奶。(不需要搅拌)

6. 加入柠檬汁。(不需要搅拌)

7. 倒入第 2 步的低筋面粉，用橡皮刮刀拌匀。混合物拌的时候，从底部向上翻拌，不要划圈搅拌，以免面粉起筋。

8. 拌好的面糊如图所示。

9. 加入蜜豆，把蜜豆和面糊翻拌均匀。

10. 倒入模具，2/3 满。放入预热好的烤箱，中层，185℃，烤焙约 30 分钟。

0失败TIPS

1 这款麦芬能膨胀得比较高，主要是因为它的黄油含量较高，打发的黄油可以充当膨松剂，在泡打粉的辅助下，能使蛋糕组织很细腻松软，非常好吃。泡打粉可以不放，但对麦芬的膨发会有一些影响。

2 加入牛奶和柠檬汁后，不需要搅拌，直接倒入面粉，再一起翻拌均匀。

3 如果想要烤好的麦芬更美观，可以在将面糊装入模具后，在面糊上再放几颗蜜豆。

4 这款麦芬组织松软细腻的另一个关键，在于鸡蛋和黄油彻底的乳化。一定要分次加入鸡蛋液，每一次都要让鸡蛋液和黄油完全融合，避免油蛋分离。

蔓越莓麦芬蛋糕

参考分量
中等纸杯
6个

配料

低筋面粉 100g，细砂糖 30g，泡打粉 6g，盐 1.25g，鸡蛋 20g，牛奶 80g，植物油 30g，蔓越莓干 40g

烤焙

烤箱中层，上下火，200℃，15 分钟左右

制作过程

1. 在碗中倒入牛奶。

2. 加入植物油。

3. 加入打散的鸡蛋液，搅拌均匀。

4. 把面粉、泡打粉、盐、糖、蔓越莓干混合均匀，倒入到第3步的混合物中。

5. 翻拌到干性材料全部湿润即可。此时面糊看上去粗糙且多块，但也不要再继续拌了。

6. 立即装入模具，1/2至2/3满，放入预热好的烤箱烘焙。

0失败TIPS

↗ 蔓越莓是一种美国特产的水果，新鲜果实很酸，具有防止泌尿道感染的功能。目前国内蔓越莓较少见，一般以干果的形式出售。蔓越莓干也可以用葡萄干替代，制作葡萄干口味的麦芬。

↗ 当干湿两种混合物没有混合在一起时，它们可以各自保存较长时间，但一旦混合，就必须马上烤焙，否则会影响麦芬的膨发。

↗ 第5步拌面糊的时候，在干性材料全部湿润以后即可停手，不要过度搅拌，以免面粉起筋导致组织粗糙。

↗ 把两种混合物混合翻拌均匀后，需立即入模烤焙。

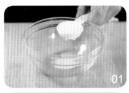

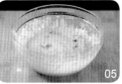

超软巧克力麦芬

参考分量
中等纸杯
6 个

配料

低筋面粉 85g，可可粉 2 大勺，黄油 60g，糖粉（或细砂糖）85g，鸡蛋 50g（约 1 个），牛奶 80ml，盐 1/8 小勺 (0.625ml)，泡打粉 1/2 小勺 (2.5ml)，小苏打 1/4 小勺 (1.25ml)

烤焙

烤箱中层，上下火，185℃，约 30 分钟（温度和时间仅供参考，视模具大小及烤箱实际情况调整）

制作过程

1. 把低筋面粉、可可粉、泡打粉、小苏打、盐混合过筛备用。

2. 黄油软化后，用打蛋器稍微打发(表面光滑，略微发白，体积稍有变大)，并加入糖粉搅匀。

3. 分3次加入打散的鸡蛋液，并搅拌均匀。每一次都需要使鸡蛋和黄油完全融合后再加下一次。

4. 搅拌均匀后的样子，应该细腻光滑，不出现蛋油分离。

5. 倒入牛奶(此时不需要搅拌)。

6. 倒入第1步里过筛后的粉类混合物。

7. 用橡皮刮刀轻轻翻拌均匀，至光滑无颗粒。

8. 把拌好的面糊倒入纸杯，1/2至2/3满。放入预热好的烤箱烤焙。

0 失败

1 这款巧克力麦芬是用乳化法制作的，而且增加了麦芬中的水分含量，令成品十分松软可口，故名为"超软巧克力麦芬"。

2 这款蛋糕的面糊的膨胀力非常好，纸杯一定不要倒太满，否则烤的时候容易溢出来。

3 小苏打除了可以中和可可粉的碱性，也可以让巧克力蛋糕的颜色更加漂亮，因此一定不能省略哦。

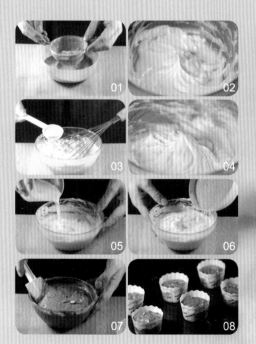

香蕉巧克力麦芬

参考分量
中等纸杯
5 个

配料

低筋面粉 100g，泡打粉 1 小勺 (5ml)，小苏打 1/4 小勺 (1.25ml)，可可粉 15g，鸡蛋 30g，红糖 80g，植物油 50ml，牛奶 65ml，熟透的中型香蕉 1 根 (带皮约 180g)

烤焙

烤箱中层，上下火，170℃，25~30 分钟

制作过程

1. 香蕉去皮，放进保鲜袋里，压成泥。

2. 低筋面粉、泡打粉、小苏打、可可粉混合过筛。

3. 鸡蛋打散，加入植物油、牛奶、红糖。

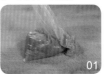
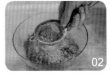

4. 轻轻搅拌均匀，再倒入第1步压好的香蕉泥，搅拌均匀。

5. 把过筛后的粉类混合物倒入第4步的混合物里。

6. 用橡皮刮刀拌匀，这一步一定要注意，不要翻拌过长时间，只要翻拌到粉类材料全部湿润即可。此时的面糊看上去虽然还有很多粗糙的疙瘩，但也不要继续再拌了。

7. 装入纸杯，六七成满即可，并立即放入预热好的烤箱里烤焙。烤箱中层，上下火，170℃，25~30分钟即可出炉，趁热吃或者等凉了再吃，都同样松软可口。

0失败TIPS

⒈拌好的面糊需要尽快放入烤箱烤焙。蛋糕制作很简单也很快，所以，在准备原料之前，就可以打开烤箱预热了。当面糊拌好，烤箱也差不多预热好了。

⒉一定要使用熟透的香蕉，做出的蛋糕才会有美妙的香蕉香气哦。

⒊和一般的传统法麦芬不同，因为加入了香蕉泥，这款麦芬非常地绵软甘美，上手也延续了麦芬蛋糕"超级简单"的优点，很值得一试哈。

意式比萨蛋糕

把蛋糕做出绝妙比萨味儿

累了一天下班回家，想吃自己做的比萨，怎么办？哪怕从刚到家就开始做，算上揉面、发酵的时间，至少得两三个小时以后才能吃得上。到那会儿，要么等得早没了胃口，要么已经饿死了。

然而，自家烘焙的好处就在于——一切皆有可能。比萨吃不成了，做一款比萨味儿的蛋糕却是快捷得多。只需要20分钟准备和25分钟烤焙，热乎乎、香喷喷的蛋糕出炉的那一刻，你会觉得自己真是太了不起了。

这款蛋糕也非常适合用于待客，朋友来了，烤一炉又特别又美味的蛋糕，绝对会让他/她惊喜不已！

配料

低筋面粉 130g,马苏里拉芝士 (Mozzarella)80g,牛奶 100ml,番茄酱 60g,橄榄油 30ml,鸡蛋 30g,青椒 80g,洋葱 80g,火腿肠 80g,大蒜 1 粒,牛至叶 (Oregano)1/2 小勺 (2.5ml),罗勒 (Basil)1/4 小勺 (1.25ml),泡打粉 1 小勺 (5ml),小苏打 1/4 小勺 (1.25ml),盐 1/2 小勺 (2.5ml),细砂糖 10g

烤焙

烤箱中层,上下火,180℃,约 25 分钟

制作过程

1.尽量选择个大肉厚的青椒,将其切成小丁。

2.把洋葱和火腿也切成同样大小的小丁备用。大蒜拍碎切成蒜末。

3.马苏里拉芝士刨成丝。

4~5.在碗中筛入低筋面粉,加入牛至叶、罗勒、泡打粉、小苏打、盐、糖,混合均匀。

6.把青椒丁、洋葱丁、火腿丁、蒜末、马苏里拉芝士倒入粉类混合物里,混合均匀。

7.在另一个碗里倒入牛奶、打散的鸡蛋、橄榄油、番茄酱。

8.把液体混合物搅打均匀。

9.将第6步的混合物倒入液体混合物里,用橡皮刮刀翻拌,待面粉全部湿润后即停止翻拌,不要过度翻拌。

10.倒入纸杯,2/3满。放入预热好的烤箱烤焙即可。

0失败TIPS

∠ 这款蛋糕适合趁热食用。将它从烤箱中拿出来以后,稍凉5分钟,就可以吃了。一定要趁热食用才能保证美味。再配上一碗蔬菜沙拉,就是很小资的美味晚餐了。

∠ 没有吃完的蛋糕,可以密封冷藏保存2~3天。吃之前放到预热好170℃的烤箱里加热5分钟再吃。但这时候的蛋糕味道比不上刚出炉时。所以,还是尽量吃多少就做多少哈。

∋ 马苏里拉芝士是制作比萨的专用芝士,不推荐用其他芝士代替。马苏里拉芝士在较大型的超市里有售,可能中文译名会不一致,请认准英文名 Mozzarella。如果买到的是块状芝士,需要刨成丝以后再用,但是现在超市里也有已经刨好的马苏里拉芝士出售。

∠ 本配方里用到的牛至叶和罗勒都是干的香料,并非新鲜的。这两种香料在超市进口调料货架上一般都有。

∋ 为了符合中国人的口味,我在配方中加入了糖。如果你喜欢吃地道的咸味儿比萨,可以把糖省略。

∠ 如果没有橄榄油,可以用普通无味植物油代替,比如大豆油、玉米油,但不要用花生油。

浓情布朗尼

参考分量
视模具
大小而定

春天下午茶

关于布朗尼这种点心的来历，有很多种传说，在其中一个传说中，布朗尼是某位黑人老嬷嬷做巧克力蛋糕的时候，忘了打发黄油而做出来的失败作品，一尝却异常美味。在另一个传说中，则变成了某糕点师在制作蛋糕的时候，忘了加泡打粉而做出来的。

这两个传说的正确性无法考证，但它们各说对了一件事情，那就是：传统的布朗尼制作，是既不需要打发黄油，也不需要加泡打粉的。因此，布朗尼的质地绵密而细致，口感外层微脆而内部柔软。

也因为这样，很难将布朗尼归到一个类别。那份浓郁甜蜜的口感，让人不禁疑惑：到底应该将它归为饼干呢，还是归为蛋糕？

不过，大部分的人仍然愿意将它称为蛋糕。因为，对于这种美妙而又带有小资感觉的甜品来说，蛋糕似乎比饼干要更有情调得多。

现在的布朗尼是西餐厅和咖啡厅的最爱，但享受这样一份馥郁香甜的甜品，对烘焙爱好者来说，可以不用去西餐厅，而是在家和朋友们一起分享了。

▌配料

黑巧克力 70g，黄油 85g，鸡蛋 50g，细砂糖 70g，高筋面粉 35g，核桃碎 35g，盐 0.5g，香草精数滴

▌烤焙

烤箱中层，上下火，190℃，25~30 分钟（温度与时间供参考，请根据模具大小及烤箱实际情况调整）

▌制作过程

1.将材料准备齐全、称重，鸡蛋提前从冰箱拿出回温。把黄油切成小块，黑巧克力也切成小块。黄油与黑巧克力放入一个碗中，隔水加热，并且不断搅拌，直到黄油和巧克力都熔化成液态。

2.把黄油和巧克力的混合物冷却到30℃左右。

3.另取一个大碗，打入鸡蛋，用筷子打散。也可以使用打蛋器，但要注意，将鸡蛋打散即可，不要打出太多泡沫。

4.在打散的鸡蛋里倒入细砂糖和盐，搅拌均匀。

5.向第4步的混合物里滴入数滴香草精，搅拌均匀(没有可不加)。

6.把第2步的巧克力黄油混合物倒入第5步的混合物中，并搅拌均匀。

7.筛入高筋面粉。

8.用橡皮刮刀翻拌均匀，布朗尼面糊就基本完成了。

9.在布朗尼面糊里倒入核桃碎。

10.再次翻拌均匀即可。

11.取两个长条形的蛋糕模具，在模具内壁涂上一层黄油，然后倒入八九分满的布朗尼面糊，放入预热好190℃的烤箱，上下火烤25~30分钟即可。

*0*失败TIPS

1 布朗尼是一道味道馥郁、甜美浓香的甜品，在制作的时候不需要打发黄油或者鸡蛋，也不需要加入泡打粉，口感却细腻柔滑，回味无穷，特别适合当做下午茶享用。

2 如果想要布朗尼更加膨发，可以在面粉里加入1/4小勺的泡打粉，做出的布朗尼会更像蛋糕。

3 制作布朗尼的模具，可以是小型的方形模具，也可以是大型的方烤盘，分量需根据模具的实际大小调整，烘烤的时间也需要根据实际需要调整。脱模冷却后，根据个人喜好切成小方块或者小片均可。

配料　01　02　03　04　05　06　07　08　09　10　11

翻转菠萝布朗尼

参考分量
4 块

配料

普通面粉（中筋面粉）90g，黄油 55g，菠萝 60g，红糖 60g，鸡蛋 1 个（50g），可可粉 1 大勺 (15ml)，泡打粉 1/2 小勺 (2.5ml)，小苏打 1/4 小勺 (1.25ml)

翻转菠萝层：菠萝 50g，红糖 40g，黄油 25g

烤焙

烤箱中层，上下火，180℃，25 分钟左右

制作过程

1. 把60g菠萝切成菠萝丁，另外50g菠萝切成菠萝片。

2. 25g黄油软化以后，和40g红糖一起混合入碗中，用打蛋器搅打均匀，成为湿润的糊状。

3. 在模具的内壁涂抹一层黄油(可以起到防粘的效果)，把搅拌好的红糖黄油糊铺在模具底部，并用勺子轻轻抹平。

4. 在红糖黄油糊上平铺好第1步切好的50g菠萝片，备用。

5. 55g黄油软化后，和60g红糖一起混合入一个大碗，用打蛋器打发，直到混合物的颜色变浅，状态膨松。

6. 在打发好的黄油里，分三次加入打散的鸡蛋液，并搅打均匀。鸡蛋液一定要分次加入，每一次都要搅打到鸡蛋和黄油完全融合再加下一次。

7. 搅打好的黄油糊应该是顺滑、膨松状。

8. 把面粉、可可粉、泡打粉、小苏打混合过筛进第7步搅打好的黄油糊里。

9. 用橡皮刮刀翻拌均匀，让面粉和黄油充分混合。

10. 把第1步切好的60g菠萝丁倒进第9步拌好的蛋糕糊中。

11. 同样用橡皮刮刀拌匀。

12. 把拌好的蛋糕糊倒入模具，六七分满即可。把模具送入预热好180℃的烤箱，烤25分钟左右，待蛋糕充分膨发起来，顶部焦黄即可。出炉后，冷却15分钟左右，待模具不烫手以后，倒扣在盘子里，并脱去模具，切成方块状，就可以享用了。

0失败TIPS

1 这款蛋糕之所以叫翻转蛋糕，是因为需要倒扣脱模，原来在底部的菠萝片就出现在顶部了，是为"翻转"。

2 制作翻转蛋糕的模具，可以用长条的蛋糕模，也可以用烤盘或者蛋糕圆模。请根据模具的大小调整配方的用量。具体请参考本TIPS第3条。

3 此配方的分量可以做成1个6英寸的圆形翻转蛋糕。把配方的分量加倍以后，制作出来的面糊可以铺满一个9英寸的烤盘或者一个8英寸的蛋糕圆模。

4 一定不能用活底的蛋糕模来制作这款蛋糕，否则黄油在烤的过程中熔化后会从底部漏出去。

5 翻转蛋糕的特色在于，翻转菠萝层的黄油与糖，在烤的过程中吸收了菠萝的果汁以后，会渗透进蛋糕层里。所以，烤好的蛋糕顶部，与菠萝片靠近的地方，口感十分绵润香甜。

6 这款蛋糕既可以使用新鲜菠萝，也可以使用菠萝罐头哈。

果酱三明治蛋糕

如春天般清甜细腻

参考分量
15cm×20cm
方形蛋糕坯
1个

　　果酱三明治蛋糕，清甜细腻，果酱的甜与蛋糕的香，和春天的气息一样，可以让你倍感愉悦。
　　有没有觉得有时候蛋糕配方里的"需使用XX寸或XXcm×XXcm方烤盘"让你很头疼？其实，根据自己的需要做一个任意大小的锡纸方模，非常简单，谁都会做，看看文后的介绍吧。

配料

细砂糖 40g，鸡蛋 50g(1 个)，黄油 60g，低筋面粉 60g，泡打粉 1/4 小勺 (1.25ml)，盐 1/4 小勺 (1.25ml)，果酱适量

烤焙

烤箱中层，上下火，160℃，约 20 分钟

制作过程

1.黄油切成块，软化以后，用打蛋器稍微打发。注意黄油必须是软化的状态，千万不要把黄油熔化成液态。

2.将细砂糖和盐加入黄油中。

3.继续用打蛋器打发至颜色略发白，体积膨大。

4.将打散的鸡蛋液分3次加入黄油中，每一次都需要搅拌至鸡蛋液与黄油充分融合以后再加下一次。

5.鸡蛋与黄油完全融合后，应该是细腻光滑的糊状物。

6.低筋面粉与泡打粉混合后筛入黄油混合物中。

7.用橡皮刮刀把面粉与黄油混合物拌匀，成为蛋糕糊。

8.将蛋糕糊倒入自制简易锡纸方模(制作方法见后)中。

9.稍稍抹平，放入预热好160℃的烤箱中，烤20分钟左右，待蛋糕表面稍微上色即可。

10.烤好后取出，撕去锡纸，稍微冷却后，将蛋糕切去边角，切成相同大小的三角形蛋糕片，取两片三角形蛋糕，中间涂上果酱夹起来，三明治蛋糕就做好了。

*0*失败TIPS

⁄ 将鸡蛋液加入黄油的时候，一定要分三次以上加入，否则黄油与鸡蛋不易乳化，会发生蛋油分离的现象。

⁋ 蛋糕糊倒入模具后，稍稍抹平即可，烤的过程中，黄油受热熔化，蛋糕会自动变得平整(即使最后有些不平整也无所谓哈)。

⁍ 果酱可以选择自己喜欢的任意口味。

自制锡纸方模

制作方法

取一张锡纸，将4条边分别沿距边3cm左右处向内折起。得到4条折痕，顺着折痕将4条边折起来，就得到一个超级简单的自制锡纸方模了。

*0*失败TIPS

⁄ 自制锡纸方模质地非常脆弱，无法用于制作较厚的蛋糕，只适用于薄片蛋糕。如上面介绍的这款三明治蛋糕坯。

⁋ 可以根据自身的需要，灵活制作大小适宜的方模。

⁍ 为了制作稍微坚固一些的方模，可以把2~3张锡纸叠在一起来制作。

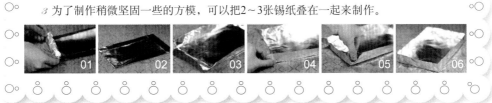

酥樱桃蛋糕

参考分量
视模具大小
而定

配料

蛋糕配料：黄油100g，糖粉50g，鸡蛋1个，盐1/8小勺(0.625ml)，低筋面粉70g，泡打粉2.5g，樱桃80g

酥皮配料：黄油25g，糖粉25g，高筋面粉25g

▌烤焙

首先放入烤箱上层，上下火，180℃；表面上色后移到烤箱下层，上下火，150℃。一共烤 25~30 分钟

▌制作过程

酥皮制作：

1. 将25g黄油软化，加入25g糖粉和25g高筋面粉，揉成面团。把揉好的面团放入冰箱冷冻室，直到冻硬。

2. 把冻硬的面团用刨丝器刨成丝，即成酥皮。

蛋糕制作：

3. 把80g新鲜樱桃洗净去核，稍切碎(不要切得太碎)。

4. 100g黄油软化后，加入糖粉、盐，打至颜色发白，体积变大。

5. 分3次加入鸡蛋液，每次都要搅拌到鸡蛋和黄油完全融合再加入下一次。

6. 搅拌好的黄油应该光滑细腻，不出现蛋油分离现象。

7. 把面粉和泡打粉混合过筛到黄油里。

8. 轻轻翻拌均匀，成为蛋糕糊。

9. 把蛋糕糊倒入模具，四五分满即可。

10. 在蛋糕糊上铺一层碎樱桃。

11. 用筷子轻轻拌一下，让碎樱桃和蛋糕糊混合在一起。不用拌得太均匀。

12. 拌好的样子（如图所示）。

13. 在表面撒上酥皮。

14. 放入预热好180℃的烤箱，上层，烤到表面上色后，把温度降低到150℃，烤盘移到下层，一共烤25~30分钟。

0失败TIPS

1 制作酥皮的时候，黄油不需要打发，软化后直接和面粉、糖粉混合成团即可。

2 酥皮一定要冻得够硬，才能用刨丝器刨成细丝。

3 第4步打发黄油的时候，不要打得太发，否则蛋糕烤好后会回缩塌陷，但也不能不打发，否则蛋糕会不够细腻。总之，要把握好打发的尺度。

4 制作这款蛋糕的模具，可以用方形模具，也可以用圆模，随意哈。

5 这款蛋糕烤好后，应该是表层酥脆而内部松软细腻，加上樱桃的果香，十分可口。

花生奶油蛋糕

参考分量 6寸

无法抵挡的馥郁浓香

花生奶油的味道，馥郁香甜。如果配上软绵绵的戚风蛋糕，难免显得不太搭调。而同样厚重扎实的重奶油蛋糕，则正好衬托了花生奶油的浓香，二者的组合，十分霸道，构成了无法抵抗的诱惑。

▌配料

花生糖粉配料：花生仁（带红衣）100g，白砂糖 50g

花生重油蛋糕配料：鸡蛋 2 个，黄油 125g，低筋面粉 115g，细砂糖（或糖粉）115g，花生糖粉 45g，牛奶 30ml，泡打粉 1/2 小勺 (2.5ml)

花生奶油配料：花生酱（幼滑型）135g，黄油 90g，糖粉 30g，动物性淡奶油（或植脂甜点奶油）100ml

▌烤焙

烤箱中层，上下火，185℃，45 分钟左右

▌制作过程

1. 制作花生糖粉：把花生仁和白砂糖一起放进食物料理机的研磨杯，打碎成粉末，即成花生糖粉。建议将花生仁的外皮(红衣)一起打碎，得到的花生糖粉会更有色泽和质感。

2. 制作花生重油蛋糕：把125g黄油软化后，加入115g细砂糖(或糖粉)，用打蛋器打发，使其变膨松，颜色变浅。把两个鸡蛋打散，分3~5次加入。每一次都需要搅拌到鸡蛋与黄油完全融合再加下一次。

3. 将低筋面粉和泡打粉混合过筛入大碗。

4. 在面粉里混合入45g花生糖粉，搅拌均匀。

5. 在第2步的黄油糊里倒入30ml牛奶(无需搅拌)。

6. 把混合好的面粉倒入第5步的黄油糊里。

7. 用橡皮刮刀把面粉和黄油拌匀，成为无颗粒的细腻面糊。不要过度搅拌。

8. 在6寸的蛋糕模内部涂上一层黄油，然后将拌好的蛋糕面糊倒入蛋糕模，放进预热好185℃的烤箱，烤45分钟左右。烤的温度和时间仅供参考，请根据实际情况调整。用牙签插入蛋糕内部，拔出来后牙签上没有残留物，就表示蛋糕熟了。出炉后，稍微冷却一会儿，并趁热脱模，再放到完全冷却。

9. 在等待蛋糕冷却的过程中，我们可以制作花生奶油。把动物性淡奶油(或植脂甜点奶油)打发到不流动的状态。(因为动物性淡奶油不含糖，口味重的朋友可以适当加点糖再打发，口淡的朋友可以不再加糖。)

10. 90g黄油软化后，加入30g糖粉，用打蛋器打至松发，体积膨大，颜色变浅。

11. 加入135g花生酱，继续打至松发。

12. 把打发好的淡奶油倒入第11步的黄油糊里。

13. 继续用打蛋器打发，成为形态稳定的奶油状。花生奶油就做好了。

14. 第8步烤好的花生重油蛋糕完全冷却后，把顶部削平，然后横切成两半。

15. 取一片蛋糕，在表面均匀涂上厚厚一层花生奶油，然后盖上另一片蛋糕。

16. 用花生奶油涂抹蛋糕的顶部及侧面。表面可以不必太平整。

17. 把剩下的花生糖粉撒在蛋糕表面及侧面，就完成了。

0 失败TIPS

∕ 不同花生的含油量不同，制作花生糖粉的时候，如果是油量比较大的花生，需要增加白砂糖的用量，否则会打不成粉。注意，千万不要试图减少糖的用量，否则很有可能打出来的不是花生糖粉，而是花生酱了。

∂ 做好的蛋糕建议冷藏保存，可以保存更长时间。但因为黄油在冷藏的时候会变硬，所以这款蛋糕做好后，如果放到冰箱冷藏，无论蛋糕体还是花生奶油都会变得很硬，吃的时候需要提前拿出来回温。

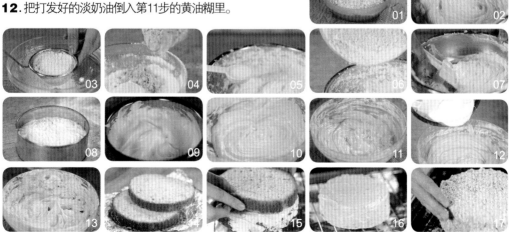

巧克力乳酪蛋糕

参考分量 6寸

绝对征服所有人的蛋糕

乳酪蛋糕是很特殊的一类蛋糕。一般情况下，我们根据乳酪的含量由低到高将乳酪蛋糕分为轻乳酪蛋糕、中乳酪蛋糕、重乳酪蛋糕。轻乳酪蛋糕清爽细腻，重乳酪蛋糕浓郁厚重，中乳酪蛋糕则介于二者之间。

不同的乳酪蛋糕配方与制作方法差别很大。有的重乳酪蛋糕其实已经脱离传统蛋糕的概念了，它不需要打发鸡蛋，也不需要使用任何膨松剂，配方里甚至没有面粉。比如这款巧克力乳酪蛋糕，就是一款口感非常独特的重乳酪蛋糕，具有浓浓的奶酪香味，配上甜蜜的巧克力，绝对可以征服所有爱吃甜品的人。

▌配料

蛋糕底：消化饼干 100g，黄油 50g
蛋糕体：奶油奶酪 250g，鸡蛋 2 个，细砂糖 50g，动物性淡奶油 60ml，香草精 1/4 小勺（1.25ml）
浓香巧克力表层：黑巧克力 70g，动物性淡奶油 60g，黄油 10g

▌烤焙

水浴法，烤箱中层，上下火，160℃，约 1 个小时

▌制作过程

1.准备好材料，首先制作蛋糕底，取一个保鲜袋，把消化饼干放进保鲜袋里。

2.扎紧袋口，用擀面杖把消化饼干压成碎末。

3.消化饼干压成碎末后，盛出备用。

4.把50g黄油切成小块，隔水加热至熔化成液态。

5.把消化饼干碎末倒进黄油里。

6.用手把消化饼干碎末和黄油抓匀。

7.把抓匀的混合物倒进6寸的蛋糕模，均匀地铺在蛋糕模底部，拿小勺压平压紧。铺好饼干底后，把蛋糕模放进冰箱冷藏备用。

8.接下来就可以制作蛋糕体了。撕开奶油奶酪的包装，把奶油奶酪放进一个大碗里。

9.取一个锅，倒入热水，把盛奶油奶酪的大碗放进锅里，隔水加热至奶油奶酪彻底软化。在碗里加入细砂糖，用电动打蛋器把奶油奶酪和糖一起打至顺滑状。

10.将2个鸡蛋依次打入奶酪糊里，并用电动打蛋器搅打均匀。先将第一个鸡蛋和奶酪糊搅拌均匀后，再加另一个。

11. 此时可以把碗从热水里拿出来了。在奶酪糊里倒入动物性淡奶油和香草精（没有香草精可不放），搅拌均匀即成奶酪蛋糕糊。

12. 把奶酪蛋糕糊倒入第7步的蛋糕模里。

13. 准备一个烤盘，把蛋糕模放在烤盘里(如果是活底模需要在蛋糕模底部包上锡纸)，并在烤盘里注入清水。清水要没过蛋糕糊高度的1/3以上。烤箱预热到160℃，把蛋糕模连同烤盘一起放入烤箱，中层，上下火烤1个小时。烤好的乳酪蛋糕取出以后，先不脱模，连同蛋糕模一起冷却到室温。

14. 在等待乳酪蛋糕冷却的时候，可以制作巧克力表层。把黑巧克力和黄油切成小块，放入大碗里。

15. 倒入60g动物性淡奶油。

16. 把碗隔水加热，并不断搅拌，直到黄油和巧克力完全熔化。

17. 趁巧克力混合液温热（必须是温热，不能太烫）的时候，把巧克力混合液倒入蛋糕模，直接倒在乳酪蛋糕上。

18. 静置一会儿，待巧克力混合液变得平整后，将蛋糕模放入冰箱，冷藏4个小时以上。脱模的时候，用小刀沿着蛋糕模内壁划一圈，就可以轻松脱模了。

0失败TIPS

1 消化饼干要尽量压得碎一些，效果才会好。

2 制作乳酪蛋糕的奶油奶酪，又叫奶油干酪、奶油芝士等，英文名是cream cheese。这种奶酪清爽细腻，质地柔软，是制作乳酪蛋糕的不二选择，一定不要买错了。

3 烤乳酪蛋糕采用水浴法，如果是活底模，注意一定要把底部用锡纸包好，防止烤的时候水进入蛋糕内部。

4 切乳酪蛋糕的时候，先把刀在火上稍微烤热一下，或者在开水里浸泡一下再切，就可以切得非常平整了。每切一刀，都要把刀擦拭干净并重新烤热一下，再切下一刀。

5 推荐最好用活底模来制作芝士蛋糕，因为芝士蛋糕非常脆弱，如果用固底模，脱模将会非常地困难。

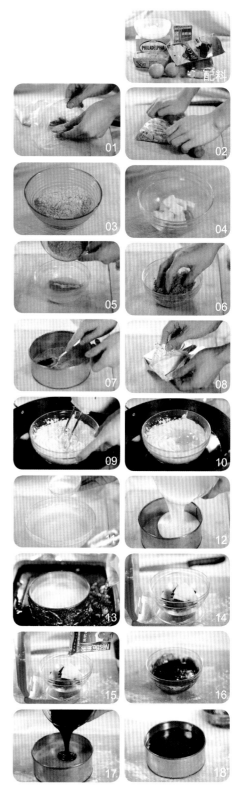

轻乳酪蛋糕

最爱那一份清爽绵软

参考分量 6寸

很多人都喜欢轻乳酪蛋糕，单是它简单优雅的外表和细腻丝滑的组织，就足够让人迷恋。

不过和不需要打发的重乳酪蛋糕比起来，轻乳酪蛋糕的制作要复杂很多。因此要吃到自己做成功的轻乳酪蛋糕，还是需要花费一番工夫的。轻乳酪蛋糕的做法和戚风蛋糕非常类似。只不过减少了面粉用量，并且加入了奶油奶酪。所以，蛋糕的基本功很重要，只要戚风蛋糕做得好了，做轻乳酪不会是太难的事情。

配料

奶油奶酪 125g，鸡蛋 2 个（尽量挑选大个的鸡蛋），动物性淡奶油 50g，酸奶 75g，低筋面粉 33g，细砂糖 50g

烤焙

水浴法，烤箱下层，上下火，160℃，1 个小时至 70 分钟

制作过程

1. 奶油奶酪、淡奶油、酸奶从冰箱拿出来后，直接称重并放进食品料理机的料理杯里，用料理机打到顺滑无颗粒的状态。（也可以将奶油奶酪室温放置到比较软的状态，再加入淡奶油和酸奶，用打蛋器搅拌至顺滑。不过耗时较长，之后也需要花较长时间冷藏。）用料理机打好奶酪后，倒进大碗里。

2. 向奶酪糊里加入2个蛋黄，并用打蛋器搅打均匀。

3. 把低筋面粉筛入奶酪糊里，用橡皮刮刀拌匀。

4. 一直拌到面粉和奶酪糊完全混合，把拌好的奶酪糊放进冰箱冷藏。（如采用室温软化奶油奶酪再搅打到顺滑的方法，做到这步的时候奶酪糊可能会比较稀，需要冷藏较长时间直到重新变得浓稠才能继续做下一步。如果直接将奶油奶酪用料理机搅打的话，就不用冷藏那么长时间了。）

5. 接下来打发蛋白，用打蛋器把蛋白打发到呈鱼眼泡形状时，加入1/3的糖并继续搅打。

6. 把蛋白打到比较浓稠的状态，再加入1/3糖。打到表面开始出现纹路的时候，加入剩下的1/3糖。直到把蛋白打发到接近硬性发泡的程度即可。注意不要打到硬性发泡。

7. 打发好的蛋白，提起打蛋器以后，拉出一个尖尖的角。角的顶端有稍微的弯曲。这个状态就可以了。

8. 把奶酪糊从冰箱拿出来，这时候奶酪糊应该是比较浓稠的状态。挖1/3蛋白到奶酪糊里。

9. 用橡皮刮刀把蛋白和奶酪糊拌匀。注意手法：从底部向上翻拌。绝对不可以打圈搅拌，否则打发好的鸡蛋会严重消泡，直接导致蛋糕的回缩或者塌陷，甚至无法膨发。

10. 将蛋白和奶酪糊拌匀以后，全部倒回蛋白碗里。

11. 继续用橡皮刮刀把蛋白和奶酪糊拌匀。记住，不要打圈搅拌。拌好的蛋糕糊应该是非常浓稠细腻的状态。如果太稀或者出现很多小气泡，蛋糕肯定是不成功的。

12. 如果是活底的蛋糕模，需要把底部用锡纸包起来，防止下一步水浴烤的时候底部进水。如果是固底模，可以省略这步。

13. 把拌好的蛋糕糊倒入蛋糕模里（在蛋糕模内壁抹上一层软化的黄油，可以起到防粘的效果。如果本身是防粘的蛋糕模可省略此步）。

14. 在烤盘里注水，大概3cm的高度。

15. 把蛋糕模放入烤盘里(直接放在水里)，把烤盘放进预热好的烤箱下层，160℃，上下火，烤1个小时到70分钟。直到表皮均匀上色，蛋糕彻底凝固，用手压上去没有流动的感觉时，即可出炉。

16. 刚出炉的蛋糕较脆弱，不要立即脱模。待其自然冷却后再脱模(千万不要像戚风蛋糕一样倒扣冷却)。放入冰箱，冷藏4个小时以上再切块食用。

◑失败TIPS

╱ 做轻乳酪蛋糕，关键是奶酪糊必须具有一定的稠度，这样才容易与蛋白拌匀。否则拌的时候蛋白容易消泡，奶酪也容易沉在底部。而奶酪糊只有在冷藏的温度下才会表现出稠度，所以，如果你是将奶油奶酪放到室温软化后再搅拌成奶酪糊的，就必须冷藏较长时间才能让奶酪糊变得浓稠，因此我建议用食品料理机，能节省很多时间。

╱ 有很多轻乳酪蛋糕的方子都放了柠檬汁。不过奶油奶酪本身就是一种具有酸味的奶酪，配料里的酸奶也具有一定的酸度，因此这款蛋糕里不需要再添加柠檬汁。如果喜欢偏酸的口感，也可以根据自己的喜好添加5ml的柠檬汁。

╱ 因为轻乳酪蛋糕的面粉含量很少，全靠鸡蛋凝固后的支撑力，所以冷却后的蛋糕有些许回缩是正常现象。只要不开裂、不出现布丁层和大气孔，不严重影响美观，都无伤大雅。

╱ 轻乳酪蛋糕需要用水浴法来烤，否则容易开裂、表皮干硬。蛋糕一定要完全烤熟，否则内部过于湿软，连切起来都会困难。判断蛋糕是否烤好的方法，用手轻压蛋糕表面，没有流动感了，一般就差不多了。

╱ 刚出炉的蛋糕很嫩很软，请冷藏至少4小时以后再食用，口感更佳。

╱ 能不能用其他的奶酪代替奶油奶酪？理论上是可以的。比如最常见的切达芝士也是可以用来制作奶酪蛋糕的。但不同的芝士软硬程度不一样，有些芝士可能需要隔水加热并搅拌较长时间才能软化，而且稍不注意就会凝结成块，难以操作。奶油奶酪较软而且细腻，所以才能成为制作奶酪蛋糕的不二之选。

╱ 和奶油奶酪质地最接近的，是小三角奶酪，各大超市都有出售。另外要注意，不要用咸味的或者其他浓郁口味(如烟熏味、大蒜味)的奶酪制作奶酪蛋糕，否则奶酪蛋糕的口感就相当怪异了。

提拉米苏

在家轻松做出顶级口味

参考分量 **6** 寸

在家做西点，最幸运的事，我认为是提拉米苏的出现。因为这款热门甜点，那些曾经高高在上无法复制的顶级口味，真真正正地进入了寻常百姓家里。

提拉米苏是一种不需要烘烤的甜点，提到它的名字，现在是无人不知无人不晓了。而在十数年前，它在中国还属于只有极少数高级西餐厅才能供应的昂贵西点，只有少数人能够品尝到。万幸，提拉米苏的制作其实很简单，只要备齐了制作它所需要的原料，就能轻易复制它的美味。万幸，提拉米苏最重要的一道原料——马斯卡彭芝士（Mascarpone cheese），在很多城市都已经能够买到。于是，这道曾经高贵的甜品终于可以放下身段，来到普通的烘焙爱好者手里。

要保证自己做的提拉米苏拥有和昂贵西餐厅里一样的顶级品质，必不可少的就是mascarpone cheese。此外，传统的提拉米苏还需要用到手指饼干(Ladyfinger)和咖啡酒。有一种说法是这三种原料必不可少，不过如果用海绵蛋糕代替手指饼干，用朗姆酒加浓咖啡代替咖啡酒，对提拉米苏口感的影响并不大。唯独如果少了mascarpone cheese，提拉米苏就会失去它最独特的魅力。

有些配方里会用cream cheese代替mascarpone cheese，不过这只能作为实在买不到mascarpone cheese的权宜之计。外面很多西点店和咖啡厅，为了节约成本，也会用cream cheese代替mascarpone cheese，这也是我们现在吃到的大多数提拉米苏口味已经不再正宗的原因之一。

提拉米苏的配方非常多，只要原料准备齐全，做出来口感都不会差。最传统的提拉米苏是不加吉利丁片的，质地很软，因此多用玻璃容器来盛(比如玻璃酒杯)，用勺子挖着吃。为了做出蛋糕形状可以切块的提拉米苏，很多配方里加入了吉利丁片，如本书介绍的这个配方，就是加入了吉利丁片的硬身版的提拉米苏，凝固以后可以切块摆盘食用。

▌配料

马斯卡彭芝士 250g，动物性淡奶油 150ml，水 75ml，细砂糖 75g，蛋黄 2 个，意大利浓缩咖啡 (Espresso)40ml，朗姆酒 15ml，吉利丁片 2 片 (约 5g1 片)，可可粉适量，手指饼干 1 份 (制作方法见 40 页)

▌制作过程

1. 蛋黄用打蛋器打发到浓稠的状态。

2. 水、细砂糖一起倒入锅里加热煮成糖水，直到沸腾，然后关火，一边用打蛋器搅打，一边缓缓倒入第1步打发好的蛋黄。蛋黄倒入完毕以后，继续用打蛋器搅打，打5~10分钟左右，此时蛋黄糊的温度应该已经降下来了，和手心温度接近。

3. 把冷却后的蛋黄糊倒在大碗里备用。如果蛋黄糊温度还不够低，要继续冷却，必须要彻底冷却以后才能使用。

4. 另取一碗，装入马斯卡彭芝士，用打蛋器搅打到顺滑。

5. 马斯卡彭芝士打好以后，和蛋黄糊混合翻拌均匀。

6. 吉利丁片掰成小片，用冷水泡软(这步可在一开始就准备好)，滤干水分，隔水加热至吉利丁片熔化，成为吉利丁溶液。把吉利丁溶液倒入第5步混合好的马斯卡彭芝士。

7. 150ml动物性淡奶油用打蛋器打发到软性发泡(刚刚出现纹路即可)，加入马斯卡彭芝士糊里，拌匀。

8. 意大利浓缩咖啡和朗姆酒混合成咖啡酒，取一片手指饼干，在咖啡酒里快速蘸一下，让手指饼干沾满咖啡酒，然后把手指饼干铺在蛋糕圆模底部。

9. 重复这个过程，直到蛋糕圆模底部铺满手指饼干，并倒入一半的马斯卡彭芝士糊。

10. 在马斯卡彭芝士糊上继续铺一层蘸了咖啡酒的手指饼干，并倒入剩下的一半马斯卡彭芝士糊。把蛋糕模放进冰箱，冷藏5~6个小时或者过夜。等芝士糊凝固以后，脱模，表面撒上可可粉，并在周围围上手指饼干做装饰，提拉米苏就做好了。

❶失败TIPS

1 不同品牌的吉利丁片可能分量不同，如果你的吉利丁片只有2.5～3g每片，就需要使用3～4片才能保证芝士糊顺利凝固。吉利丁片需要提前浸水泡软，滤干水再熔化。隔水熔化吉利丁片的时候，温度不要太高，否则会影响吉利丁片的凝结效果。

2 如果不想自己煮意大利浓缩咖啡 (Espresso)，可以用1/2大勺纯速溶咖啡粉兑40ml热水替代。Espresso的味道很浓，不习惯浓咖啡的朋友，可以适当稀释。

3 脱模的时候，用热毛巾包住蛋糕模四周，捂一下，让贴着蛋糕模的芝士糊稍稍化开，就很容易脱模了。

4 最好在吃之前再撒可可粉，以防止可可粉受潮。表面除了撒可可粉，还可以用糖粉撒出字迹或者花纹，更美观。

5 提拉米苏需要冷藏保存。如果要延长保存期，可以放在冷冻层冻硬。吃之前提前转移到冷藏层等其自然解冻后再吃。

6 Mascarpone cheese是制作正宗提拉米苏所必备的原料，中文名为"马斯卡彭芝士(奶酪/干酪)"或者"马斯卡波尼芝士(奶酪/干酪)"，因为中文名称有时候不一样，所以请认准英文名购买。

01 02 03 04 05 06 07 08 09 10

不同的蛋糕模具之间
怎么换算尺寸?

相信大家都曾遇到过这样的问题:在制作蛋糕的时候,如果配方给出的是6寸配方,而你想制作的是8寸的蛋糕,应该怎么换算?

遇到类似的问题,可以直接查询以下表格。除了蛋糕圆模,在文后的TIPS里,也给出了方烤盘和派盘的尺寸换算方法。

● 蛋糕圆模尺寸换算表

原方尺寸 \ 换算尺寸	6	7	8	9	10	11	12
6	1.00	1.36	1.78	2.25	2.78	3.36	4.00
7	0.74	1.00	1.31	1.63	2.04	2.50	2.94
8	0.56	0.77	1.00	1.27	1.56	1.89	2.25
9	0.44	0.60	0.79	1.00	1.24	1.49	1.78
10	0.36	0.49	0.64	0.81	1.00	1.21	1.44
11	0.30	0.41	0.53	0.67	0.83	1.00	1.19
12	0.25	0.34	0.44	0.56	0.69	0.84	1.00

查表方法

例如原配方是8寸圆模的用量,想换成10寸圆模,则在左侧原方尺寸一栏找到8,在右侧换算尺寸一栏找到10,对应的数字是1.56。那么把8寸配方的用量全部乘以1.56就可以得到10寸配方的用量。

计算原理

计算不同尺寸的模具所需要的材料用量,实际就是要计算不同尺寸模具做出来的蛋糕的体积差距。

圆柱形体积的计算公式为：底面积×高。实际制作中，尽管尺寸不同，但一般蛋糕的高度都是一样的，那么体积的比值实际就是底面积的比值。

底面积的公式是：π×半径的平方，因此这个比值实际上就是半径的平方的比值。例如，8寸的蛋糕圆模：10寸的蛋糕圆模=8/2的平方：10/2的平方=16：25=1：1.56。

TIPS

★ 表里的数据是根据计算得出的精确数值。实际我们在换算的时候，可以取一个相对好计算的近似数值。比如我们平时遇到最多的是将8寸的用量换算成6寸的用量，按表中数值来说应该是将所有配料乘以0.56，但为了计算方便，我们平时一般都是将配料直接减半，也就是乘以0.5。

★ 烘焙温度与时间的调整。一般来说，体积越大的蛋糕，越应该使用低温慢烤。因为蛋糕体积大，内部温度不易升高，如果用较高的温度来烤，很容易出现蛋糕表面已经糊了，而内部还没有熟的情况。所以，如果你的蛋糕尺寸变大了，在烤的时候就必须适当降低温度，延长时间。通常，蛋糕每大一个尺寸，温度降低5~10℃，烤焙时间延长10~15分钟。但这不是硬性标准，需要根据蛋糕的品种、烤箱的实际情况酌情再调整，这就需要自己灵活掌握了。

★ 不同尺寸的烤盘换算，也可以使用同样的方法，计算烤盘的底面积比值。因为烤盘的规格繁多，所以具体的表格就不列出了，大家自行计算即可。

★ 派的情况比较特殊。不同尺寸的派进行换算的时候，派馅的分量可以按照蛋糕圆模的换算表直接换算，而派皮需要把尺寸加1寸以后，再进行换算。比如，6寸的派换成9寸，派馅的配料乘以2.25，派皮的配料则应该按7寸换算成10寸来算，即应该乘以2.04。

做面包也是家庭烘焙最具有挑战性的活儿。当你在制作的时候，感受到面团儿一步步地成熟，一步步地变成你希望的样子时，相信我，那种兴奋难以言喻。

Part 4
面 包

面包，享受一份纯手工的乐趣

面包，对于家庭烘焙来说，是一道"难关"。如果说饼干和蛋糕的制作是一种悠闲并惬意的享受的话，面包则往往让人没那么自在，仅仅是辛苦并耗费体力的揉面，就已经让人很不"从容"了，更何况还有漫长而消磨耐性的发酵过程。

然而，做面包也是家庭烘焙最具有挑战性的活儿。当你在制作的时候，感受到面团儿一步步地成熟，一步步地变成你希望的样子时，相信我，那种兴奋难以言喻。

也许有人会说：自己在家做面包太不划算，忙活大半天也只能做那么几个出来，性价比太低！是的，如果真的讲究性价比，没有人会愿意在家自己做烘焙了。又何止是面包呢，几盘饼干也能让人忙活几个小时，几个精致的小蛋糕也许会占用你整个晚上的时间！可是，不亲手尝试的人，永远也体会不到面团在手中慢慢变化的那份惊喜，以及亲人与朋友分享到自己亲手做出的"作品"的那一份成就感。

做面包的过程，从原料的配比，面团的搅拌、发酵，到整形，烤焙的温度，每一样都需要细心。面团的发酵最重要的是温度与时间——温度不能太高，不能太低，时间不能太长，不能太短。一切都需要恰到好处。这种小心翼翼的呵护，更像是一次浪漫的经历。所以，现在已经有越来越多的人愿意在家里制作面包，而且是纯手工制作。当一炉香喷喷的面包在历尽千辛万苦终于出炉以后，所谓的"性价比"之类的词儿早就失去了意义。

乐于享受生活的人，一起享受纯手工面包的乐趣吧！

从头开始做面包

◎第一步，先从认识面粉开始吧！◎

做西点，我们经常接触到的面粉就是"高筋面粉""低筋面粉"。做蛋糕、饼干我们经常用到低筋面粉，可以保证糕点的口感酥松。而做面包，则需要用高筋面粉，这是面包组织细腻、体积膨松的关键之一。高筋面粉指面粉中蛋白质含量特别高者，一般在11.5%以上，平均可以达到13%。只有高筋面粉才能生成足够的面筋，最大限度包住面团发酵产生的气体，形成致密的小气室，做出高品质的面包。

超市里有时候不太容易买到高筋面粉，可以尽量去大型超市找找看。一般高筋面粉都会在产品名称上写明"高筋"二字。如果实在购买不到高筋面粉，可以用饺子粉代替，因为饺子粉的筋度相对普通面粉要高。

如何判断面粉的筋度呢？有一个最简单的办法。抓一把面粉，用手捏紧成块状，松开手，如果面粉立刻散开，就证明筋度很高。如果面粉还保持为块状，则证明筋度很低。

◎第二步，最重要的步骤之一——面团的搅拌◎

面团的搅拌与发酵，是制作面包最重要的两步，影响着面包的成败。

注意了！对面团搅拌重要性的理解，有助于你制作出成功的面包！

搅拌，就是我们俗称的"揉面"，它的目的是使面筋形成，为了帮助大家理解这个概念，我先说一下面筋形成过程以及它在面包制作中所起的作用。

面筋是小麦蛋白质构成的致密、网状、充满弹性的结构。面粉加水以后，通过不断地搅拌，面粉中的蛋白质会渐渐聚集起来，形成面筋。搅拌得越久，面筋形成越多。而面筋可以包裹住酵母发酵产生的空气，形成无数微小的

气孔，经过烤焙以后，蛋白质凝固，形成坚固的组织，支撑起面包的结构。

所以，面筋的多少决定了面包的组织是否够细腻。面筋少，则组织粗糙，气孔大；面筋多，则组织细腻，气孔小。这也是为什么做面包要用高筋面粉的原因，只有高含量的蛋白质，才能形成足够多的面筋。

要强调的是：只有小麦蛋白可以形成面筋，这是小麦蛋白的特性，其他任何蛋白质都没有这种性质。所以，只有小麦粉有可能做出松软的面包。其他如黑麦粉、燕麦粉、杂粮粉等等，都无法形成面筋，它们必须与小麦粉混合以后，才可以做出可口的面包。有时候我们可以看到由100%黑麦粉制作的面包，但这种面包质地会十分密实，因为没有面筋的产生，无法形成细腻的组织。

搅拌的过程：

揉面是个很辛苦的工作，为了产生足够多的面筋，我们必须在揉面上花大量的力气。不同的面包需要揉的程度不同：很多甜面包为了维持足够的松软，只需要将面团揉到扩展阶段。而大部分吐司类面包，则需要揉到完全阶段。

什么是扩展阶段和完全阶段？

通过不停地搅拌，面筋的强度逐渐增加，可以形成一层薄膜。取一小块面团，用手抻开，若面团能够形成透光的薄膜，但是薄膜强度一般，用手捅破后，破口边缘呈不规则的形状，此时的面团为扩展阶段。

继续搅拌，到面团能形成坚韧的很薄的薄膜，用手捅不易破裂，即使捅破后破口因为张力也会呈现光滑的圆圈形。这个时候的面团就达到了完全阶段。

关于什么样的面包需要揉到怎样的阶段，每个面包的方子中都会有说明，根据方子进行

操作即可。

如果用机械搅拌，则搅拌过度也会是一个常见的问题。面团揉到完全阶段以后，如果仍继续搅拌，面筋会断裂，面团变软变塌，失去弹性，最终会导致成品粗糙。因此应该尽量避免搅拌过度。

如果是手工揉面，有没有什么技巧？

很少家庭能有像专业面包店那样的搅拌面团的机器。虽然也有很多辅助的机械来帮我们揉面团(如家用面包机，某些型号的搅拌机等)，但更多的人都愿意亲自用手来揉面团，体验完全手工制作带来的乐趣。

每一个人在揉面过程中，都会形成自己的技巧。以前没有搅拌机，那时的面包师是将面团放在石台上，将身体贴近石台，用身体和臀部的力量帮助揉面，而那个时候的面包师体形也往往十分彪悍。家庭制作不需要揉那么大量的面团，会轻松许多。揉面的力度与速度是关键。加快揉面速度往往可以使揉面时间大大缩短。此外，还可以使用摔、打、擀等方式。但总之，手工揉面是个力气活儿。

不同的揉面方式，不同种类的面团，所花费的揉面时间是不一样的。一般来说，水分含量越高的面团，面筋生成得越快，所需的揉面时间越短。

有些配方的面团含水量十分大，非常粘手，用手揉是十分困难的，这时候可以借助擀面杖来搅拌，将擀面杖的一头插入面团内，不断地搅拌面团，也能起到不错的效果。

◎第三步，最重要的步骤之二——面团的发酵◎

发酵是一个复杂的过程。简单地说，酵母分解面粉中的淀粉和糖分，产生二氧化碳气体和乙醇。二氧化碳气体被面筋所包裹，形成均匀细小的气孔，使面团膨胀起来。

发酵需要控制得恰到好处。发酵不足，面包体积会偏小，质地也会很粗糙，风味不足；发酵过度，面团会产生酸味，也会变得很黏，不易操作。

一次发酵、中间发酵与二次发酵：

除非时间非常仓促的时候，我们可以搅拌好面团，整形进行一次发酵后烤焙，其他时候，都需要进行二次发酵。因为一次发酵的产品，无论组织和风味都无法和二次发酵的产品相提并论。所以，我们必须要记住，好吃的面包，是经过两次发酵后做出来的。

长时间的发酵会增加面包的风味，因此有些配方使用冷藏发酵，通过低温长时间发酵，得到别具口感的面包。目前市面上诸如"17小时吐司"，就是通过低温发酵而来的。

第一次发酵，怎么判断已经发酵好了呢？普通面包的面团，一般能发酵到2~2.5倍大，用手指蘸面粉，在面团上戳一个洞，洞口不会回缩。(如果洞口周围的面团塌陷，则表示发酵过度)。

发酵的时间和面团的糖油含量、发酵温度有关系。一般来说，普通的面团，在28℃的时候，需要1个小时左右即可。如果温度过高或过低，则要相应缩短或延长发酵时间。

第一次发酵完成后，我们需要给面团减减肥。把变胖的面团排气，让它重新"瘦"下来，然后，分割成需要的大小，揉成光滑的小圆球状，进行中间发酵。

中间发酵，又叫醒发。这一步的目的是为了接下来的整形。因为如果不经过醒发，面团会非常难以伸展，给面团的整形带来麻烦。

中间发酵在室温下进行即可，一般为15分钟。

中间发酵完成后，我们可以把面团整形成需要的形状。这也是非常重要的一步，直接决定了你做出来的面包是不是够漂亮。每款面包的整形方法都不相同，可以根据方子来操作。要注意的是，整形的时候一定注意将面团中的所有气体排出，只要有气体残留在面团中，最后烤出来就会变成大的空洞。

第二次发酵(又叫最后发酵),一般要求在38℃左右的温度下进行。为了保持面团表皮不失水,一般需要将面团放在湿度85%左右的环境中。

家庭制作面包的时候,没有专业的发酵箱,很难保证面包所需的发酵温度与湿度。因此,我们只能退而求其次,尽力创造类似的环境。这里提供一个方法:将面团在烤盘上排好后,放入烤箱,在烤箱底部放一盘开水,关上烤箱门。水蒸气会在烤箱这个密闭的空间营造出足够的温度与湿度。面包发酵完成后,从烤箱取出,端走烤箱内的开水,再按照配方所示的条件预热烤箱并进行烤焙。

使用这个方法的时候,需要注意的是,当开水逐渐冷却后,如果发酵没有完全,需要及时更换新的开水。

如果是38℃左右的温度,最后发酵一般需要40分钟左右。家庭制作的时候,根据环境温度的不同,发酵时间会有所差异。发酵到面团变成2倍大即可。

◎第四步,接近成功了——烤焙◎

烤焙之前,为了让烤出来的面包具有漂亮的色泽,我们需要在面包表面刷上一些液体。这些刷液有水、牛奶、全蛋液、蛋水液或者蛋黄液。根据刷液的不同,出来的效果也不相同。比如水,主要用来刷硬皮面包的表面;而全蛋液,则适合大部分甜面包,能使面包表面产生金黄的色泽。具体的刷液,在方子中会给出来。

将最后发酵好的面团入炉烤焙的时候,要注意千万不要用力触碰面团,这个时候的面团非常地柔软娇贵,轻微的力度也许就会在面团表面留下难看的痕迹,要加倍小心。

烤焙的时候,根据方子给出的温度与时间即可。注意观察,不要上色太深影响外观。带盖的吐司类面包,无法观察到面包的上色情况,需要根据经验判断,一般如果烤箱内飘出浓郁的面包香味,就表示差不多了。

◎ 第五步,面包的保存 ◎

很多朋友可能都忽略了这一点:刚出炉的面包非常松软,但是如果保存不当,就会变硬。其实,只要经过正确的步骤做来的面包,都能维持相当长一段时间的松软,如果你的面包在几个小时以后就变硬了,也许该想想是不是制作方法上出了问题。

面包一般室温储藏即可。如果你想保留较长时间,可以放入冰箱冷冻室,想吃的时候,拿出来回炉烤一下即可恢复松软。但是——千万不要放入冷藏室!冷藏室的温度会使面包中的淀粉加速老化,极大缩短面包的保存期。

到这里,这篇文章也接近尾声了。关于面包,你也许还有许多大大小小的疑问。每一款不同的面包,都会遇到不同的问题,在掌握了基础理论后,学会分析每次出现的问题是很重要的,这样才能不断提高自己的水平。

做出可口的面包,并不是很遥远的梦想——本书提供了多种面包的配方,在实践中去尝试吧!

0失败TIPS

◆ 以上制作面包的流程,为最基本的面包制作方法,习惯上称为"直接法"。实际上,在面对很多特殊原料或者特殊品种的面包的时候,往往需要使用更加复杂的方法来保证面团的正确搅拌与发酵。不过,掌握本书里介绍的基本方法,已经可以做出绝大多数美味可口的面包了。

◆ 除了用直接法制作面包以外,较为常用的还有"中种法",这种方法将面团分为"主面团"与"中种面团",非常适合配方中含有高糖、高油脂等容易抑制发酵的成分的时候。此外,中种法也用来获得比直接法更具有风味的面包。

② 手工面包制作流程

根据面包的配方不同，所用的材料会有所差别，但一般的面包揉面过程，基本上都可以参照以下步骤：

1. 用配方分量内的一半温水溶解酵母（如配方使用120g水，则用60g水溶解酵母）。

2. 称量好面粉、糖、盐、奶粉等干性材料的重量，并拌匀。然后加入溶解酵母的水、另一半水、打散的鸡蛋等除黄油以外的配料。

3. 用力揉成面团，并把面团放在案板上。这个时候的面团会很粘手，表面也很不光滑。但是要坚持揉下去，不要轻易添加面粉。

4. 如果面团粘在案板上，可以用塑料刮板把粘在案板上的零碎面团铲起来，重新揉到大面团里去。

○失败**TIPS**

⒈ 如果采用新鲜酵母制作面包，则必须先用温水将酵母溶解，才能使酵母活化。如果采用快速干酵母来制作，原则上可以省略这一步骤，把干酵母直接添加到面粉里，因为快速干酵母可以不经过活化过程而直接使用。但为了保险，也为了让酵母充分发挥活性，建议还是把快速干酵母也先用温水溶解再使用。

⒉ 不同的面粉吸水性不同，所以不建议把配方里的水分一次性加入，而根据面团的实际情况酌情增减。这也是为什么不用全部的水来溶解酵母的原因。

⒊ 刚开始的面团会很粘，塑料刮板是一个很有用的工具，可以帮助我们把黏在案板上的面团铲下来。

⒋ 建议使用塑料或金属案板，一是它们和木案板比起来更不易粘，二是木案板的材质很容易滋生细菌，在上面反复揉面相对来说没有那么卫生。

5. 揉着揉着，面团会渐渐变得有弹性，表面也变得光滑起来，而且，随着面筋的形成，面团也开始变得没有那么粘手了。

○失败**TIPS**

家庭手工揉面的方法，多种多样，可以揉，可以摔，可以扯，但目的都是一样的，就是快速不断搅拌面团，让面筋不断生成。可以选择的方法如：

⒈ 选择一张和腰差不多高的桌子，把案板放在桌子上，侧着身子用手快速按揉面团，并把身体的力量压在手上，利用腰部和身体的力量来揉面。

⒉ 摔面团。将面团在案板上用力摔长后对折起来，换一个方向(与原来呈90°)以后继续用力摔长对折，不断重复这个步骤。摔面团不是对所有面团都管用，有些比较硬或者特别稀的面团不适合这种方法。

6. 揉到一定程度以后，尝试着抻开面团。这时候的面团不太容易抻得很薄，抻得稍微薄一点就会被扯出很多裂洞。这个时候就可以加入黄油了。

○失败**TIPS**

黄油会阻断面筋的形成，所以，我们先将面揉到面筋形成到一定程度后，再加入黄油，可以让我们的揉面变得更容易，这种方法叫做"后油法"。不过，如果在一开始就加入黄油，可以让黄油在面团里分散得更均匀。所以，各有利弊。但是家庭手工揉面非常费力气，更建议采用后油法。

7. 把已经软化的黄油加入到面团里，并且用力地把黄油揉到面团里面去。

8. 一开始面团的样子会有点"惨不忍睹"。但随着揉面的进行，黄油渐渐就会被面团吸收了。

9. 坚持揉下去，面团又变得光滑而充满弹性了。

10. 适时地检测面筋的强度。把面团小心地抻开，这时候面团已经可以形成一层薄薄的薄膜。但是薄膜并不是特别坚韧，还是比较容易破裂。破裂的洞口呈不规则的形状，而不是光滑的圆形。这个时候面团就达到了扩展阶段。如果做大部分的甜面包和调理面包，这个阶段就可以停止揉面了。比如蜜豆墨西哥、芝士肉松面包、热狗面包等等。

11. 揉到扩展阶段以后，如果继续揉面，面团会达到完全阶段。这个时候，面团可以抻开非常坚韧的薄膜，即使用手指捅，也不太容易捅破。

12. 即使把薄膜捅破了，破裂的洞口也会呈现非常光滑的圆孔。完全阶段的面团，可以用来制作大部分的吐司。如高级奶香吐司。揉到完全阶段以后，就不要再继续揉面了，否则，如果揉过头，面筋会断裂，面团失去弹性，变得黏软，一扯就断。用揉过头的面团做面包，面包的体积小，孔洞粗糙，口感差。

13. 把揉好的面团放进大盆里，表面盖上保鲜膜或者湿布，放在室温下进行第一次发酵。

14. 发酵时间随温度而定，温度高则发酵时间短，温度低则发酵时间长。28℃左右，大概1个小时，面团可以完成发酵。

15. 判断发酵是否完成的标准：面团发酵到原来的2~2.5倍大，用手指蘸上面粉，在面团顶部捅一个窟窿。拔出手指后，插出的孔洞既不塌陷，也不回缩，而是保持原状的话，发酵就完成了。

16. 把发酵好的面团挤出空气，根据配方的要求分成所需的份数。用手将面团整形成圆形。

17. 整形成圆形的面团放在室温下醒发15分钟左右，然后，就可以根据各配方的具体情况，进行最后的整形、第二次发酵、烤焙了。

0失败TIPS

1 揉面到各个阶段所需要的时间，我没有列出来。因为根据实际情况、面团配方的种类、含水量、揉面的力度、速度的不同，揉面的时间也不尽相同。有人揉了1个小时才揉好，有人却只要十几二十分钟。

2 本文是纯手工揉面的步骤图。不少朋友为了省力，购买了面包机或者厨师机来帮助揉面，使用机械揉面的流程大致是一致的，可以用同样的方法来检测面团的薄膜。

3 本文只包含揉面及第一次发酵。因为对于一般面包来说，它们的流程都是一致的。而不同品种的面包，对最后整形及发酵的要求不一样，所以最后整形及第二次发酵的步骤，在具体的配方里有详细的讲解。

雪花面包

参考分量
6 个

配料

面包体配料

高筋面粉150g，水75g，鸡蛋15g，白糖25g，猪油15g，干酵母1小勺(5ml)，盐1/4小勺(1.25ml)

雪花酥蓉配料

猪油(加热熔化)1小勺(5ml)，白糖1小勺(5ml)，低筋面粉1大勺(15ml)

烤焙

烤箱中层，180℃，12分钟左右，烤至表面深黄色即可

制作过程

雪花酥蓉的制作：

1.将熔化的热猪油1小勺、白糖1小勺、低筋面粉1大勺全部倒进一个碗里，捏成团。然后，把面团通过中号的筛网，即可得到雪花酥蓉。

雪花面包的制作：

2.根据手工面包制作流程，把面包体配料揉成面团，揉至能拉出薄膜的扩展阶段，在室温下发酵到2.5倍大(28℃的温度下需要1个小时左右)，把发酵好的面团排出空气，分成6份，揉圆，进行15分钟中间发酵。

3~5.醒发好的面团，再次揉圆。这次需要彻底地揉圆，可以按照图中的手法进行：用手压住面团，不停地揉，当感觉面团渐渐成型的时候，把手指慢慢地收紧，最后收成一个圆形。

揉圆的面团达到如下标准：面团表面光滑无任何褶皱，仅底部允许有少量褶皱。

6.面团揉好以后，排入烤盘。在面团表面刷一层熔化的热猪油。

7.在面团表面撒上一层雪花酥蓉。

8.撒好雪花酥蓉的面团，放在温度为38℃、湿度80%以上的环境下进行最后发酵，直到面团变成原来的2倍大（约40分钟）。发酵完成后，就可以放入预热好的烤箱烤焙了。180℃，烤12分钟左右，烤至表面深黄色即可。

失败TIPS

1 面包配方里的猪油可以用黄油代替。雪花酥蓉配方里的猪油也可以用黄油代替，不过这样制作出来的雪花酥蓉颜色会稍黄一些。

2 制作雪花酥蓉的时候，使用一般的筛网均可，不同规格筛网的网孔大小有差别，所以做出的雪花酥蓉形状会有些许的差别。

3 这款面包成功的标准如下：面包形状是规则的半球形，表面光滑；面包表面是深黄色，上面均匀点缀着白色的"雪花"；组织细腻，口感松软。

04

05

06

07

08

01

02

03

罗宋甜面包

参考分量
4 个

馥郁松软，黄油浓香

罗宋面包本是一种硬皮面包，但这款馥郁香浓的黄油面包，也叫做罗宋面包，只不过，它是一款甜面包。

它不仅仅又香又软。开口处因为黄油和糖粉经过烤焙的缘故，还有一丝酥脆的口感，非常可口。

配料

高筋面粉150g，干酵母1小勺（5ml），白砂糖25g，盐1.8g，鸡蛋15g，奶粉5g，水75g，黄油12g

表面装饰：鸡蛋液适量，黄油16g，糖粉适量

烤焙

烤箱中层，上下火，190℃，约15分钟

*O*失败TIPS

⁄ 在面团表面划口的刀一定要锋利，划刀口的时候，要做到快、准。家庭如果没有专用刀片的话，推荐使用刮胡刀片。

⁄ 划刀口时，需要让面团表面稍微干燥以后再划。

⁄ 挤黄油的方法：可以把黄油事先放入保鲜袋，待其软化后，从保鲜袋一角开一个口，即可挤出。当然，你也可以使用圆嘴的裱花袋。

⁄ 一定要撒上厚厚的糖粉哦！

制作步骤

1.根据手工面包制作流程，把所有配料揉成面团，揉至能拉出薄膜的扩展阶段，在28℃左右基本发酵1个小时后(发酵到2.5倍大)，排气，分割成4份，滚圆，进行15分钟中间发酵。

2.把中间发酵好的面团压平，用擀面杖擀成椭圆形。

3.把椭圆形翻面，从上往下卷起来。

4.卷的时候注意，两边稍微往里收。

5.卷好后，收紧，捏实，成为两端细中间鼓的橄榄形。

6.将整形好的面团排入烤盘，放在温度为38℃、湿度80%以上的环境下进行最后发酵，直到面团变成原来的2倍大（约40分钟）。

7.将发酵好的面团取出，在室内放几分钟，使面团的表面稍微干燥。

8.用锋利的刀片(如刮胡刀片)在面团顶部划一道约1cm深的长口子。

9.划好的口子如图。

10.在划好的口子里挤上一道软化的黄油(每个面团约挤4g黄油)。

11.在面团表面刷上一层鸡蛋液。

12.再撒上厚厚一层糖粉，即可放入预热好的烤箱烤焙。190℃，约15分钟，烤到表皮金黄色。

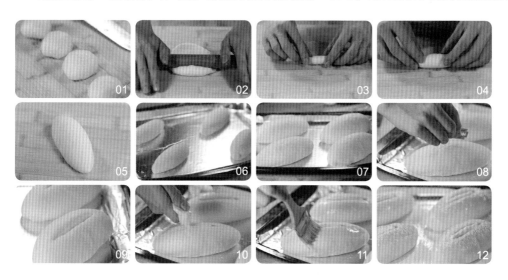

豆沙卷面包

卷出来的超软面包

参考分量 ~5个

配料

面包面团：高筋面粉140g，水80g，干酵母1小勺(5ml)，细砂糖25g，盐1/4小勺(1.25ml)，奶粉6g，全蛋15g，黄油15g

馅料：红豆沙125g

表面刷液：全蛋液适量

烤焙

烤箱中层，上下火，180℃，15分钟，至面包表面金黄

0 失败TIPS

1. 如果没有面包纸托，也可以把卷好的面团直接放在烤盘上。

2. 馅料除了使用豆沙以外，还可以更换成枣泥或其他你喜欢的软质馅料。

制作过程

1. 根据手工面包制作流程，把制作面包面团的配料揉成面团，揉至能拉出薄膜的扩展阶段，在室温下发酵到2.5倍大(28℃的温度下需要1个小时左右)，把发酵好的面团排出空气，分成5份，揉成小圆面团，进行15分钟中间发酵。

2. 取一个中间发酵好的面团，按扁，包入25g红豆沙。

3. 包好红豆沙的面团，收口朝下放在案板上，用擀面杖擀成长椭圆形。

4. 如图所示在长椭圆形上竖切4刀，头尾不要切断。

5. 切好的面团，捏住两头，如图所示扭起来。

6. 把扭好的面团打一个单结，如图所示。

7. 把打好结的面卷放进直径10cm的面包纸托内。依次将所有面团都整形好以后，放在温度为38℃、湿度80%以上的环境下进行最后发酵，直到面团变成原来的2倍大（约40分钟）。

8. 在发酵好的面团表面轻轻刷上一层全蛋液，送入预热好180℃的烤箱，烤15分钟左右，到面包表面变为金黄色即可出炉。

椰蓉花形面包

参考分量 **4** 个

▌配料

面包面团：高筋面粉140g，水80g，干酵母1小勺(5ml)，细砂糖25g，盐1/4小勺(1.25ml)，奶粉6g，全蛋15g，黄油15g

椰蓉馅：椰蓉30g，黄油15g，鸡蛋15g，细砂糖15g

表面装饰：全蛋液适量，果酱适量

01 02 03 04 05 06 07 08 09 09

▌烤焙

烤箱中层，上下火，180℃，15分钟，至面包表面金黄

▌制作过程

椰蓉馅制作：

1.黄油软化后，加入细砂糖和打散的鸡蛋液拌匀，再倒入椰蓉拌匀。

2.用手把椰蓉和黄油揉匀即成椰蓉馅。把椰蓉馅分成4份备用。

椰蓉花形面包制作：

3.根据手工面包制作流程，把所有制作面包面团的配料揉成面团，揉至能拉出薄膜的扩展阶段，在室温下发酵到2.5倍大(28℃的温度下需要1个小时左右)，把发酵好的面团排出空气，分成4份，揉成小圆面团，进行15分钟中间发酵。

4.取一个中间发酵好的面团，按扁。

5.按扁的面团包入1份椰蓉馅。

6.把包好椰蓉馅的面团收口向下，用擀面杖擀成扁圆形。

7.如图所示，用剪刀在扁圆形面团上剪12刀。

8.将剪好的面团摆成花形。

9.面团整形好以后，放在温度为38℃、湿度80%以上的环境下进行最后发酵，直到面团变成原来的2倍大。在发酵完成的面团表面刷一层全蛋液。

10.在面团中央挤上一点果酱，即可放入预热好的烤箱烤焙。烤箱中层，上下火，180℃，15分钟，至面包表面金黄即可出炉。

*0*失败TIPS

面团中间的果酱可以挤上你喜欢的任何口味。但主要为装饰用，不要挤得太多，以免烤焙的时候流下来。

肉松火腿面包

参考分量 6个

配料

面包配料：高筋面粉140g，水80g，细砂糖20g，黄油15g，鸡蛋液10g，盐1/4小勺（1.25ml），干酵母1小勺（5ml），奶粉1小勺（5ml）

馅料：肉松适量，沙拉酱适量，圆火腿片3片

表面刷液：全蛋液适量

烤焙

烤箱中层，上下火，180℃，15分钟

▎制作过程

1.根据手工面包制作流程，把面包配料揉成面团，揉至能拉出薄膜的扩展阶段，在室温下发酵到2.5倍大(28℃的温度下需要1个小时左右)，把发酵好的面团排出空气，揉成圆形，进行15分钟中间发酵。

2.将中间发酵好的面团在案板上擀成长方形面片(案板上撒一些面粉防粘)。

3.在面片上挤上一层沙拉酱。下端留出至少1cm宽的空隙不要挤。

4.挤好沙拉酱以后，撒上一层肉松。下端留出至少1cm宽的空隙不要撒肉松。

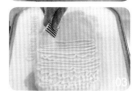

5.在面片的下端留出的1cm空隙处刷上一层全蛋液。

6.把面片从上至下卷起来（从没有刷全蛋液的一端开始卷），要卷紧。收口朝下，成为一个长面团。

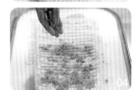

7.把长面团横切5刀，切成6个一样大小的小面团。

8.把切好的小面团放在直径10cm的面包纸托里，切面朝上。进行最后发酵，温度38℃、湿度85%的环境下，发酵40分钟左右，直到面团变成原来的2倍大。

9.把圆火腿片对半切开。

10.在发酵好的面团表面刷上一层全蛋液。

11.每个面团上铺半片火腿片。

12.在面团表面挤上条纹状的沙拉酱，放进预热好180℃的烤箱烤焙15分钟左右，到表面金黄色即可。

*0*失败TIPS

如果没有面包纸托，也可以把切好的面团直接放在烤盘上进行面包的制作。

参考分量 4个

肉松芝士面包

最佳早餐面包

肉松芝士面包，里面包裹着肉松，外面覆盖着烤得焦黄起泡儿的芝士片，又营养又好吃，早上吃一个，一上午的能量与营养就都够了，是上班一族的最佳早餐。

配料

面包体：高筋面粉140g，水75g，细砂糖20g，黄油15g，鸡蛋液10g，盐1/4小勺(1.25ml)，干酵母1小勺(5ml)，奶粉1小勺(5ml)

表面及内馅：鸡蛋液少许，芝士片4片，沙拉酱适量，肉松适量，香菜或香葱适量

烤焙

烤箱中层，上下火，180℃，约15分钟

0失败TIPS

1. 芝士片可在超市购买，一般品牌的片状芝士均可。

2. 酱不要挤得太粗，可以将沙拉酱装入保鲜袋，在保鲜袋一角剪一个很小的孔，就能挤出很细的沙拉酱了。

制作过程

1. 根据手工面包制作流程，把面包体配料揉成面团，揉至能拉出薄膜的扩展阶段，在28℃左右基本发酵1个小时后(发酵到2.5倍大)，排气，分割成4份，滚圆，进行15分钟中间发酵。

2. 把中间发酵好的面团压平，用擀面杖擀成比较扁的椭圆形。

3. 在椭圆形面团上端放肉松(量根据喜好而定，但不要放太多以免不好包)，由上至下卷起来。

4. 卷的时候，将两边稍微往里收，卷出来的形状才好看。

5. 卷好后，收口，成为两头尖的长橄榄形面团。

6. 把整形好的面团放入烤盘，放在温度为38℃、湿度80%以上的环境下进行最后发酵，直到面团变成原来的2倍大（约40分钟）。发酵完成后，在表面刷一层鸡蛋液。

7. 在面团上覆盖1片芝士片。

8. 最后，在表面挤上细条的沙拉酱(一定要细，否则烤出来不漂亮)。等烤箱预热好，就可以放入烤箱了。180℃，约15分钟。烤好以后，在表面撒一点切成末的香菜或香葱即可。

热狗面包卷

面包里的家常味儿

　　这类热狗面包卷是最常见、最普通的面包类型，随处可见，也是不少家庭最常食用的面包。自己在家手工做这类面包，也透着一股浓浓的家常味儿。

配料

高筋面粉140g，水80g，细砂糖20g，黄油15g，鸡蛋液10g，盐1/4小勺（1.25ml），干酵母1小勺（5ml），奶粉1小勺（5ml），火腿肠5根

表面装饰：全蛋液适量、黑芝麻适量

烤焙

烤箱中层，上下火，180℃，15分钟

制作过程

参考分量 5个

1.根据手工面包制作流程，把所有制作面包的配料揉成面团，揉至能拉出薄膜的扩展阶段，在室温下发酵到2.5倍大（28℃的温度下需要1个小时左右），把发酵好的面团排出空气，分成5份揉圆，进行15分钟中间发酵。

2.取一个中间发酵好的面团，在案板上搓成细长的面条。

3.把长面条一圈一圈地绕在火腿肠上。

4.依次做好所有的火腿卷，进行最后发酵，温度38℃、湿度85%的环境下，发酵40分钟左右，直到面团变成原来的2倍大。在发酵好的面团表面轻轻刷上一层全蛋液。

5.在面团表面撒上一些黑芝麻。

6.烤箱预热到180℃，将烤盘放入烤箱中层，烤焙15分钟左右，至表面金黄色即可出炉。

01　02　03　04　05

⓿失败before

1 将面团搓成长条之前，面团必须得到足够时间的中间醒发，否则容易回缩。如果在搓的时候面团仍旧回缩厉害，不易搓长，可以放置松弛一会儿再继续搓长。

2 如果想制作火腿肠的两头都露出来的热狗卷外形，则卷的时候两边的火腿肠必须各露出2.5cm以上，发酵以后才不会被盖住。

烤肉排

让人吃完还想吃的烤肉排

参考分量 **7** 个

01

02

03

04

香喷喷的烤肉排，用处多多，直接吃或者就饭吃都非常香。更推荐的是夹在面包里面吃，味道超级棒哦。

配料

猪瘦肉馅300g，黄油30g，鸡蛋30g，白洋葱20g，大蒜2瓣，普通面粉15g，料酒1小勺（5ml），黑胡椒粉1/2小勺（2.5ml），盐1/2小勺（2.5ml），辣椒粉1/2小勺（2.5ml）

烤焙

烤箱中层，上下火，200℃，约20分钟，烤12分钟的时候翻面

制作过程

洋葱切成碎末，大蒜捣成蓉。把黄油熔化，倒入肉馅、打散的鸡蛋、面粉、料酒，顺同一个方向用力搅拌至上劲。再加入洋葱碎末、蒜蓉、黑胡椒粉、盐、辣椒粉，搅拌均匀。取适量拌好的肉馅，用手拍成厚约1cm的圆形肉饼，放进烤盘排好。

肉饼都排好后，放进预热好200℃的烤箱，烤12分钟的时候取出来翻面，再继续烤8分钟即可。

0失败TIPS

1 肉馅要选瘦一些的，否则烤的时候会流出较多油脂，并且会掩盖黄油的香味。

2 肉馅要搅拌至上劲，也就是发黏的程度，才能拍出比较均匀的肉饼，不会散。

3 用羊肉馅和牛肉馅来做，也是一样好味道。

双层芝士肉排堡

双层营养的早餐汉堡

双层的营养芝士，双层的美味肉排，除了营养，味道更是一级棒。不单是我们成年人，小朋友更是会喜欢得不得了。

▌配料

面包坯1个，烤肉排2片（制作方法见112页），芝士片2片

面包坯配料（分量6个）：高筋面粉140g，水75g，细砂糖20g，黄油15g，鸡蛋液10g，盐1/4小勺（1.25ml），干酵母1小勺（5ml），奶粉1小勺（5ml），白芝麻适量，鸡蛋液适量（刷表面）

▌烤焙

烤箱中层，上下火，180℃，约12分钟

◐失败TIPS

如果想来点花样，可以在汉堡中间夹上一点酸黄瓜、生菜等。

▌制作过程

面包坯制作过程：

1.根据手工面包制作流程，把面包坯配料揉成面团，揉至能拉出薄膜的扩展阶段，在28℃左右基本发酵1个小时后（发酵到2.5倍大），排气，分割成6份，揉圆，进行15分钟中间发酵。

2~4.中间发酵好以后，再一次揉圆。揉圆手法：用手压住面团，不停地揉，当感觉面团渐渐成型的时候，把手指慢慢地收紧，最后收成一个圆形。揉好的面团必须达到以下标准：呈标准的扁圆形，表面光滑无任何褶皱，仅底部允许有少量褶皱。

5.把揉圆以后的面团放在温度为38℃、湿度80%以上的环境下进行最后发酵，直到面团变成原来的2倍大（约40分钟）。发酵完成后，在表面刷一层全蛋液。

6.在面团表面撒上一些白芝麻，放入预热好180℃的烤箱，烤12分钟左右，烤到表面金黄色即可出炉。

双层芝士肉排堡制作过程：烤箱预热180℃，把面包坯和烤肉排一起放入烤箱中层。加热3分钟后，先取出面包坯。继续加热2分钟，取出肉排。

把面包坯横切成两片，在底部的半片面包坯上放一片烤肉排，铺上一片芝士片，再放一片烤肉排，再铺上一层芝士片，最后盖上另半片面包坯即可。

01 02 03 04 05 06

家庭自制比萨酱

参考分量
1 份

配料

西红柿600g，大蒜4瓣，黄油30g，洋葱100g，盐6g，黑胡椒粉1小勺(5ml)，牛至叶(Oregano)1小勺(5ml)，罗勒(Basil)1/2小勺(2.5ml)，糖1大勺

0失败TIPS

1. 这款比萨酱里用到的牛至叶、罗勒均为干的香草，并非新鲜的。牛至叶又叫比萨草，是制作比萨必放的一款香料。这两种香料都可以在超市进口调料货架买到，中文译名可能会不一致，配方中给出了英文名，可以根据英文名购买。这两种香料风味浓郁，不习惯这种味道的人，可将用量酌情减半。

2. 比萨酱要炒得稍微干一点，制作比萨才会更得心应手。

3. 这款比萨酱也可以作为意大利面酱使用，使用前，加点水调稀一点就可以了。

4. 做好的比萨酱，放在密封罐里，再放进冰箱，可以保存三天左右。

制作过程

1. 西红柿洗干净，切成小丁，备用。

2. 洋葱切成小丁，大蒜拍碎切成末。

3. 锅烧热，放入黄油烧至熔化。

4. 等黄油熔化后，放入洋葱和大蒜，翻炒1分钟左右。

5. 洋葱炒出香味后，放入切成丁的西红柿，大火翻炒。

6. 西红柿炒出汁水以后，放进糖、黑胡椒粉、牛至叶、罗勒，翻炒均匀，然后盖上锅盖，转小火煮20分钟左右。煮的过程中不时打开锅盖翻炒一下，以免糊底。煮好后，如果此时水分还比较多，转大火收汁成酱，加入盐，翻炒均匀后即可出锅。

迷你脆底比萨

老简单了的小比萨

参考分量 **5** 个

这是喜欢吃比萨、喜欢吃脆底儿比萨、喜欢吃省事比萨的朋友们不可错过的一款比萨。

几口就可以吃完一个的迷你比萨，制作简便，口味可以根据需要自己搭配，可以当主食，也可以当点心。既不会因为吃太多而坏了你的减肥计划，也可以在简约中带给你丰富的味觉享受。

▋配料

饼底： 自发粉100g，温水50g，盐2g，橄榄油10g

馅料： 沙拉酱、火腿丁、金枪鱼、玉米粒、豌豆粒等适量，家庭自制比萨酱5大勺(75ml，做法见114页)

表面刷液： 橄榄油适量（刷烤盘及饼底）

▋烤焙

烤箱中层，上下火，200℃，约15分钟

0 失败 **TIPS**

1 面片擀得一定要薄。这是做出脆脆的饼底的一个关键。

2 烤盘底部和面片上一定要刷上厚厚的一层橄榄油，这是做出脆脆的饼底的另一个关键。

3 可以不用沙拉酱，每个比萨用20g的马苏里拉芝士代替沙拉酱，比萨的风味更浓郁哈。

4 比萨的馅料可以根据自己的需要变换，做出不同口味的比萨。

5 自发粉（Self rising flour）是一种事先已经按比例添加好膨松剂的面粉，使用的时候不需要另外添加膨松剂，就可以实现膨松的效果。在各大超市都可以买到。

6 家庭自制比萨酱可以用番茄沙司代替。但强力推荐自己制作比萨酱，这是做出超美味比萨的秘诀哦！

▋制作过程

1. 自发粉倒入大碗，加入盐、橄榄油，再加入温水，揉成一个光滑的圆面团。把面团放在室温下醒25~30分钟。

2. 醒好的面团压出空气，分成5份。取1份，揉成圆形，放在案板上压扁。

3. 用擀面杖把压扁的面团擀成直径10cm的很薄的圆面片。

4. 在烤盘上涂厚厚一层橄榄油，把圆面片放在烤盘里，并在圆面片外沿1cm的一圈内也刷上厚厚的橄榄油。

5. 在每个圆面片上涂上一大勺家庭自制比萨酱。

6. 挤上数条沙拉酱，再依次撒上金枪鱼、火腿丁、玉米粒、豌豆粒，然后在表面上再挤上一层沙拉酱，即可放入预热好200℃的烤箱，烤大约15分钟，直到饼边缘变成深黄色。

金枪鱼火腿比萨

完美比萨，由我做主

参考分量
3个8寸比萨

每次朋友来我家，必点的一道菜就是比萨。因为大家都知道，来我家，就得吃最好吃的。这年头，大家都精着呢。

比萨确实是我的心头爱。配料随意，想吃什么口味的就吃什么口味，尽管放心大胆地尝试，光这一个理由，已经足够我告别外面的比萨店。

更别说，有哪个比萨店能像我那样对自己大方，芝士多多，配料多多，料多十足得让自己都感动。

总之一句话：完美比萨，由我做主！

📋 配料

比萨面饼：
高筋面粉210g，低筋面粉90g，水195g，橄榄油20g，细砂糖15g，干酵母1小勺（5ml），盐1小勺（5ml），奶粉12g

比萨馅料：
家庭自制比萨酱9大勺（135ml，制作方法请见114页），马苏里拉芝士(Mozzarella)360g，金枪鱼、火腿、青椒适量

面饼刷液及表面装饰： 橄榄油适量，芝士粉适量（可不用）

📋 烤焙

烤箱中层，上下火200℃，约15分钟

01 　02
03 　04
05 　06

制作过程

1.根据手工面包制作流程，把制作比萨面饼的配料揉成面团，揉到扩展阶段。把面团放在28℃左右的环境下，盖上保鲜膜，发酵到变成2倍大。

2.面团发酵的时候，可以准备其他材料。把火腿、青椒切成丁，金枪鱼罐头滤去汁液。

3.马苏里拉芝士刨成丝。

4.约1个小时后，面团发酵到2倍大。

5.把发酵后的面团挤出空气，分成需要的份数(比如做8寸的，就分成3份)，放在室温下醒发15分钟。

6.案板上撒一些面粉，把醒发好的面团放在案板上，用手掌按扁。

7.以制作8寸比萨为例，用擀面杖把面团擀成约8寸大小的圆形面饼。

8.必要的时候，可以用手掌帮忙，将面饼整成中间薄四周厚的形状。

9.烤盘垫锡纸或者涂油，把面饼铺在烤盘上，在面饼中间用叉子叉一些小孔，防止烤焙的时候饼底鼓起来。

10.在饼底上涂一层橄榄油，放在室温下发酵20分钟。

11.挖3大勺家庭自制比萨酱在面饼上，用毛刷或者勺子等工具将比萨酱涂抹均匀。

12.比萨酱要尽量涂得均匀一些，饼外围大约1cm不需要涂酱。

13.涂抹好比萨酱后，均匀撒上一层马苏里拉芝士(约50g)。

14.撒上火腿丁，并再撒一层马苏里拉芝士(约20g)。

15.铺上金枪鱼，继续撒一层马苏里拉芝士(约20g)。

16.撒上青椒。在表面铺上几片完整的火腿片。放进预热好的烤箱烤焙。出炉前5分钟取出来，撒上剩下的马苏里拉芝士(约30g)，再放进烤箱5分钟。

17.好了，可以吃香喷喷的比萨了。表面撒一些芝士粉，吃起来会更香哦。

0 失败 TIPS

⒈制作比萨并不一定需要比萨盘，这样反而会制约我们的发挥。将面团直接擀成中间薄周围厚的圆形，放在烤盘上就可以制作比萨了。

⒉比萨中的馅料可以根据自己的喜好而改变，你也可以使用你喜欢的其他蔬菜与肉类，但需要注意一个原则，就是先铺肉类，再铺蔬菜，并且每铺一层都撒上一些马苏里拉芝士。如果是水分比较大的蔬菜，需要先炒一下，控干水分，否则比萨的水分会太大。

⒊马苏里拉芝士是制作比萨的专用芝士，不推荐用其他芝士代替。马苏里拉芝士在较大型的超市里有售，可能中文译名会不一致，请认准英文名Mozzarella。如果买到的是块状芝士，需要刨成丝以后再用，但现在超市里也有已经刨好的马苏里拉出售。

⒋如果不想自己制作比萨酱，可以使用市售的番茄沙司代替，但切记涂上番茄沙司以后，撒一点牛至叶(Oregano)，做出来的比萨味儿才地道。但还是推荐使用本书中介绍的家庭自制比萨酱，做出最地道的比萨，全靠它了。

⒌比萨出炉后，撒一些芝士粉再吃，味道更好哦。

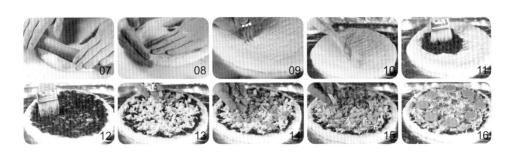

07　08　09　10　11

12　13　14　15　16

玉米火腿沙拉包

参考分量 4个

▌配料

面包配料：高筋面粉140g，水80g，细砂糖20g，黄油15g，鸡蛋液10g，盐1/4小勺(1.25ml)，干酵母1小勺(5ml)，奶粉1小勺(5ml)

馅料及表面装饰：家庭自制比萨酱适量，火腿、青椒、煮熟的甜玉米粒各适量，沙拉酱适量，鸡蛋液适量(刷表面)

▌烤焙

烤箱中层，上下火，180℃，约12分钟

▌制作过程

1.根据手工面包制作流程，把所有制作面包的配料揉成面团，揉至能拉出薄膜的扩展阶段，在28℃左右基本发酵1个小时后(发酵到2.5倍大)，排气，分割成4份，滚圆，进行15分钟中间发酵。火腿、青椒分别切成小丁。

2.案上撒粉，把中间发酵好的面团用手掌压扁。

3.再用擀面杖从中间往两端擀成椭圆形扁片(擀薄一点)。

4.在面片表面刷一层鸡蛋液。

5.在面片表面涂上一层自制比萨酱，面片周围一圈不要涂。

6.先撒上一层火腿丁。

7.再撒一层煮熟的甜玉米粒。接着撒上一些青椒丁。这样，表面的颜色就很丰富漂亮了。

8.最后，在表面上挤上条纹状的沙拉酱，放在温度38℃、湿度85%的条件下进行最后发酵，约40分钟。然后放进预热好的烤箱烤焙即可。

0失败TIPS

使用家庭自制比萨酱做出来的沙拉包，别有一番风味，非常好吃。你也可以使用市售的番茄沙司代替自制比萨酱，但是味道相对要普通一些。

奶香吐司

最易上手的吐司方子

　　吐司，比普通甜面包的制作难度稍高，对揉面、发酵的要求也更苛刻。要做出细腻松软的土司，得下非常一番功夫。

　　这款奶香土司，配料及成分都比较简单，油、糖、鸡蛋等的含量相比其他配方也要低一些，成功率很高，刚学做土司的朋友，不妨一试。

配料

高筋面粉270g，细砂糖40g，鸡蛋20g，食盐1/2小勺（2.5ml），黄油25g，快速干酵母1又1/2小勺（7.5ml），奶粉12g，水145g

烤焙

烤箱中下层，上下火，165℃，35分钟左右

参考分量
450g吐司模
1个

制作过程

1.根据手工面包制作流程，把除黄油外的所有配料揉成面团，揉到起筋后，加入黄油继续揉，一直揉到完全阶段。在室温下发酵到2倍大，挤出面团内的空气，把面团分成3份，揉圆并放在室温下醒发15分钟。

2.取一个醒发好的面团，用擀面杖擀成长条状面片，宽度和吐司模的宽度一致。

3.将擀好的面片从上而下卷起来，一定要卷紧。

4.把卷好的面团收口朝下放入吐司盒底部。用同样的方法卷好其他两份面团，依次排入土司盒底部。

5.把吐司盒放在温度38℃、湿度85%的条件下进行最后发酵。发酵到面团长到吐司盒九成满的时候，盖上吐司盒盖。送入预热好165℃的烤箱，烤35分钟左右。

6.趁热脱模，把吐司放在冷却架上，冷却到温度和手心温度差不多的时候，放进保鲜袋里密封，第二天切片。

01　02　03　04　05　06

0失败面包

1 第3步把面团卷起来的时候，一定要卷紧，不要有缝隙，否则做出来的吐司内部会有空洞。

2 吐司刚出炉的时候非常柔软，冷却后放置一晚上，第二天再切片就比较容易了。

高级奶香吐司

参考分量 450g吐司模 /个

奶香吐司的进阶版

这款吐司与奶香吐司的配方相似，但是提高了黄油、鸡蛋等配料的含量，使吐司的口感更加丰富。但相应的，对揉面与发酵的要求也更高了。如果你制作奶香吐司成功了，不妨试试这款奶香吐司的进阶版。

▌配料

高筋面粉250g，干酵母1又1/2小勺(7.5ml)，黄油30g，鸡蛋30g，盐3g，细砂糖45g，奶粉15g，水120g，全蛋液适量（刷表面）

▌烤焙

烤箱中下层，上下火，165℃，约35分钟

▌制作过程

1.根据手工面包制作流程，把所有制作面包的配料揉成面团，揉至完全阶段，在室温下发酵到2.5倍大(28℃的温度下需要1个小时左右)，把发酵好的面团排出空气，揉圆，进行15分钟中间发酵。

2.醒发好的面团，用擀面杖擀成椭圆形，宽度需要和吐司模等长。

3.将擀好的面团翻转过来，使原来在下面的那一面朝上。

4.从上往下卷起来。

5.卷成一个长条。

6.把卷好的长条放进吐司模里。放在38℃左右、湿度85%的环境下发酵到八成满(如果做带盖的吐司则发酵到九成满)。

7.在发酵好的吐司表面刷一层全蛋液，即可放入预热好的烤箱烤焙。165℃，35分钟左右。

8.出炉后，放在冷却架上冷却。

⓿失败 TIPS

1 这款吐司非常松软好吃，奶香浓郁。尤其是其质地松软，即使放置2~3天仍能保持较松软的口感。

2 吐司如果需要切片，最好放置一晚上，第二天再切片。刚出炉的吐司非常柔软，难以切片。

黑芝麻小吐司

参考分量
60g小吐司
*8*个

有营养又可口的吐司

加入了黑芝麻的小吐司，既有黑芝麻的独特风味，又有很高的营养价值。

配料

高筋面粉250g，水160g，干酵母1又1/2小勺(7.5ml)，细砂糖50g，盐1/2小勺(2.5ml)，奶粉12g，全蛋30g，黄油30g，炒熟的黑芝麻60g

烤焙

烤箱中层，上下火，180℃，15分钟左右

制作过程

1.取一半的黑芝麻(30g)用食品料理机的研磨杯稍微打几下，打成比较粗的黑芝麻末。

2.根据手工面包制作流程，把除未研磨的30g黑芝麻外的所有制作面包的配料揉成面团，揉至完全阶段。

3.把未研磨的30g黑芝麻加入面团里，揉1分钟左右，使黑芝麻在面团里分布均匀。

4.将面团在室温下发酵到2.5倍大(28℃的温度下需要1个小时左右)，把发酵好的面团排出空气，分成8份，揉成小圆面团，进行15分钟中间发酵。

5.中间发酵结束后，取一个小圆面团，擀成椭圆形，宽度大概和吐司模等长。

6.把椭圆形的面片从底部向上卷起来。

7.卷好的面团放进吐司模内。放在温度为38℃、湿度80%以上的环境下进行最后发酵，直到面团变成原来的2.5倍大（约40分钟）。

8.在发酵完成的面团上刷一层全蛋液，即可放入烤箱烤焙。

*0*失败 TIPS

⒈ 如果没有食品料理机，可以省略打成粉末的30g黑芝麻，用30g高筋面粉代替。但如此制成的吐司风味要逊色一筹。

⒉ 本配方也可以用来制作一个450g的大吐司，按照奶香吐司(119页)的整形方法与烤焙温度进行即可。

蒜香面包

外酥内软，香死人的面包

参考分量 4 个

吐司面包的个头一般都比较大，如果短时间内没有吃完，面包老化以后，就失去了原来的松软。香喷喷的吐司变得不那么可口，是不是有点可惜？

但是，如果把它们变成"蒜香面包"，则立刻会重新变得异常美味，让人充满了食欲。涂满了蒜蓉奶油的吐司面包，在经过烤焙之后，外层会变得非常酥脆，而内部则相对柔软，让人一口接一口地停不了嘴。因此，不管在哪家面包店，蒜香面包都是最具有人气的面包之一。

材料

主料：奶香吐司1个（制作方法见119页）

蒜蓉奶油：去皮大蒜瓣25g，黄油55g，盐1g，糖粉1/2小勺（2.5ml）

烤焙

烤箱中层，上下火，175℃，20~25分钟，烤至表面金黄色

制作过程

1. 把大蒜压成泥。

2. 黄油软化以后，和大蒜泥、盐、糖粉一起搅拌均匀，就成为蒜蓉奶油了。

3. 奶香吐司切成合适的长度，把两端的表皮都切去。

4~5. 把外侧四周的表皮也都切去。

6. 将切去表皮的吐司中间对半切开。

7. 再次对半切开。

8. 这样，就切成了4个大小一致的长方形面包块。

9. 取1个面包块，在其中一面抹上一层蒜蓉奶油。

10. 把抹了蒜蓉奶油的一面朝下放入烤盘，再用抹刀把其他几面都抹上蒜蓉奶油。

11. 用同样的方法把所有的面包块都抹上蒜蓉奶油。

12. 把烤盘放进预热好的烤箱，上下火175℃，烤20~25分钟，面包表面变成金黄色即可出炉。

0失败TIPS

1. 大蒜可以用压蒜器压成泥，如果没有压蒜器，可以把大蒜瓣放在碗里，用干净的擀面杖的一端把大蒜捣烂成泥。一定要捣得烂一点哈。

2. 蒜蓉奶油如果用不完，放在冰箱里冷藏保存，并尽快用完。

丑怪小石头

三分钟搞定的简易面包

参考分量 **8** 个

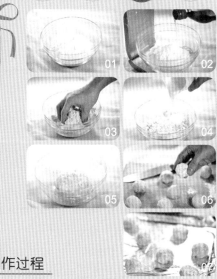

这款小面包，属于简易面包。模样相当不起眼，却胜在简单快捷，口味也相当不错。说来也怪，我对这类丑丑的小面包一直情有独钟——这大概就叫物以类聚。

简易面包和本书介绍的其他面包完全不同，它可以说已经脱离了传统面包的范畴，而与司康、麦芬等血缘关系更近。它是一类不使用酵母发酵，而用泡打粉等快速膨松剂来发酵的"面包"。当然，它的口感和传统的面包是有很大差异的。

简易面包最大的特点就在于两个字——"省事"。真的非常简单，简单的材料与简单的步骤，三分钟即可搞定。

十分推荐大家试试这款小面包。想想吧，轻轻松松地准备好材料，轻轻松松地将做好的面团放进烤箱，轻轻松松地等待十几分钟，然后，享受外酥里嫩的可口小面包，这才是做面包的最高境界哈。

▌配料

低筋面粉150g，原味酸奶100g，植物油(或黄油)35g，泡打粉7g，细砂糖5g，盐3g

▌烤焙

烤箱中层，上下火，200℃，15~20分钟，烤至表面金黄色即可

*0*失败**TIPS**

1. 制作步骤第5步把酸奶和面粉混合的时候，一开始会有一点粘手，但揉20～30秒后就不会粘手了。切记揉的时间一定不要超过30秒，否则面包的组织会变得粗糙难吃。

2. 不要减少泡打粉的量，否则无法保证面包膨发的程度。

3. 面团做好后，要尽快放进烤箱，否则也可能会影响面包的膨发。

4. 如果把酸奶换成无糖酸奶，省略细砂糖，就成了糖尿病朋友也适宜吃的无糖小圆面包。

5. 烤好的小圆面包，表壳酥脆，内部松软，非常可口。但要注意一定要趁热吃，否则口感会大打折扣的哈。

▌制作过程

1. 将低筋面粉、泡打粉混合过筛入大碗。

2. 在面粉里倒入植物油(或熔化的黄油)、细砂糖。

3. 用手把植物油和面粉抓匀，成为疙瘩状的面粉块。

4. 在面粉里倒入原味酸奶。

5. 用手把酸奶和面粉混合，揉30秒左右，揉成一个不粘手的面团。

6. 把面团分成8份，每一个小面团都稍稍搓成圆形，在表面沾一层低筋面粉。

7. 把小面团排入烤盘，每个面团间留出较大空隙。放入预热好200℃的烤箱，烤15~20分钟，待表面金黄色即可出炉。

丹麦面包面团

参考分量
1 个

记得面包店里那些种类繁多的丹麦面包们吗？和"千层酥皮"制作的点心一样，用丹麦面包面团制作的面包一样是面包店里最吸引人眼球的面包品种。

丹麦面包面团的制作方法和千层酥皮类似，都是将油脂（黄油或玛琪琳）包在面团中央，经过反复折叠以后，形成一层一层的面皮。烤的时候，面皮会一层层舒展开来，成为香酥的起酥面包。

丹麦面包是面包制作里非常重要的一类面包，掌握了丹麦面包面团的做法以后，就可以轻而易举地做出任何起酥类面包。不管是丹麦土司，还是形状各异的起酥面包，它们的制作流程基本一致，只是最后的整形不同。因此，即使它的制作较为复杂，作为烘焙爱好者，也是一定要攻克的哈。

▍配料

面团配料： 高筋面粉170g，低筋面粉30g，细砂糖50g，黄油20g，奶粉12g，鸡蛋40g，盐3g，干酵母5g，水88g

裹入用油： 黄油70g

▍制作过程

1. 把面团配料揉成面团，用力地揉，直到面团起筋，抻开面团时，可以勉强形成一层薄膜即可（不需要揉到扩展阶段）。

2. 把揉好的面团放在室温下（25℃左右）发酵一个小时，发酵到原来的2~2.5倍大。用手指蘸面粉插进面团，拔出手指后孔洞不塌陷也不回缩，就表示发酵好了。把发酵好的面团用手压出气体，放在冷藏室静置松弛20分钟。（根据温度的不同，发酵时间会不一样，如果温度较低，则适当延长发酵时间。）

3. 在面团松弛的时候，可以准备裹入用的黄油了。把70g黄油切成片，平铺在保鲜袋里。

4. 用擀面杖隔着保鲜袋把黄油擀成均匀的薄片，如果天气较热，擀好的黄油片可以放进冰箱冷藏一会儿。

5. 把松弛好的面团用擀面杖擀开，擀成一个长方形面片，长度是黄油片宽度的2.5倍即可。

6. 把黄油片铺在擀好的面片中央。

7. 将面团的一端向中间翻折过来，盖在黄油片上。

8. 将面团的另一端也向中间翻折，这样黄油片就包裹进面片里了。把收口压紧。

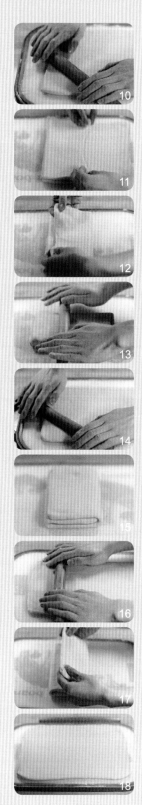

9.把面片翻面，收口向下，并旋转90°。

10.用擀面杖把包好黄油的面片，再次擀开成为长方形薄面片。

11.从面片一端的1/3处把面片向中间翻折。

12.另一端也从1/3处向中间翻折。这是第一次3折。

13.将翻折好的面片放进冰箱冷藏松弛20分钟。然后重新放在案板上，用擀面杖擀开。

14.把面片再次擀成长方形的薄面片。

15.又一次3折，这是第二次3折。

16.重复第13步，把3折好的面片再次放进冰箱冷藏松弛20分钟。重新擀开成长方形薄面片。

17.再一次3折，这是第三次3折，也是最后一次3折。

18.3折好的面片，冷藏松弛20分钟，并擀开成为0.4cm厚的薄片，就可以根据需要制作各种丹麦面包了。

0失败TIPs

1 制作丹麦面包，面团不需要揉到扩展阶段，所以可以不必使用后油法，直接将所有材料混合成团即可。

2 揉好的面团进行基础发酵的时候，可以如制作步骤里写的在室温下进行，但更推荐将面团放入冰箱进行冷藏发酵6～12个小时左右，可以获得更高品质的丹麦面包。冷藏室温度在4℃左右为佳，判断发酵完成的标准是一样的——面团发酵到2～2.5倍大，用手指蘸面粉插孔，孔不回缩也不塌陷。

3 不推荐使用玛琪琳/人造黄油来制作丹麦面包面团和千层酥皮，虽然玛琪琳没有黄油容易熔化，会使制作简单许多，但这样做出来的丹麦面包和千层酥皮无论口感还是健康度都无法与用黄油制作的相提并论。在商业上批量制作的时候，因为黄油不易控制，操作困难，成本高，所以不常采用。但家庭制作，应该完全以自己动手的乐趣和吃得健康为主。

4 与千层酥皮比起来，丹麦面包面团的制作面临一个棘手的问题，那就是面团擀制的时候更容易回缩，这时候，适当松弛的重要性就体现出来。松弛是指将面团静置一段时间，使面团内部的张力消失，面团会变得不易回缩。松弛建议在冷藏室进行，这样可以使黄油不会变得太软。如果你在擀的时候觉得非常费劲了，一定不要强制去擀，因为这会使面团出现分层不均匀、破皮等问题。同时也要注意了，松弛的次数也不易太多太频繁，否则会使制作流程变长，引起发酵过度。其中的平衡要把握好。

5 和面的时候要注意，因为不同的面粉吸水性不一致，配方里的水可以不一次性全部加入，而视面团的软硬程度酌情增减。这款面团揉好以后应该相当柔软。面团一定要有充足的水分，擀起来才不会那么容易回缩。

6 丹麦面包面团和千层酥皮不一样，在制作过程中，丹麦面包面团是处于不断发酵的过程中的，所以整个制作流程一定要把握好，时间不要拖得太长，以免发酵过度。也因为这个原因，丹麦面包面团制作好以后，要立即使用，不可以长时间放置。

丹麦葡萄卷 （迷你版）

参考分量 21个

▌配料

丹麦面包面团1份（制作方法见124页），葡萄干适量，鸡蛋液适量

▌烤焙

烤箱中层，上下火，200℃，10分钟左右，至表面金黄色

0失败TIPS

1. 这款小面包，成品图片上的为迷你版，如果你喜欢个头比较大的，把长方形面片切长一点，多卷几圈就OK了，非常简单。

2. 烤丹麦面包的时候，有少许油脂漏出来是正常的，但如果有很多油脂漏出来，表示丹麦面包面团制作过程不正确、黄油分层不均匀或者分层较厚，需要重新制作丹麦面包面团。

▌制作过程

1. 制作好丹麦面包面团以后，将面团擀成厚约0.4cm的薄片，然后裁成大小合适的长方形。

2. 葡萄干事先用朗姆酒或者白兰地浸泡半个小时以上，在长方形面皮上刷一层全蛋液，然后撒上滤干了水分的葡萄干。

3. 如图3所示，将长方形面皮卷起来。

4. 把卷好的面团切成厚度约1cm的小剂子。

5. 切好的小剂子切面朝上放入烤盘，在温度38℃、湿度85%的条件下进行最后发酵，发酵到原来的约2倍大（大约40分钟~1个小时）。

6. 发酵好的面团，在表面刷一层全蛋液，放进预热好200℃的烤箱，烤焙10分钟左右，表面金黄色即可。

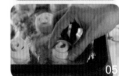

丹麦红豆卷

轻松"卷"出来的面包

参考分量
12个

这种面包的整形方法非常简单，如果做面包懒得整形，或者觉得整形困难，都可以试试这种方法。现在，就赶紧动手，轻松卷出这款美味面包吧！

配料

丹麦面包面团1份(制作方法见124页)，蜜红豆适量，鸡蛋液适量

烤焙

烤箱中层，上下火200℃，12分钟左右，至表面金黄色

0 失败TIPS

1 蜜红豆可以换成酒渍葡萄干。
2 烤丹麦面包的时候，有少许油脂漏出来是正常的，但如果有很多油脂漏出来，表示丹麦面包面团制作过程不正确，黄油分层不均匀或者分层较厚，需要重新制作丹麦面包面团。

制作过程

1. 制作好丹麦面包面团以后，把面团擀成厚约0.4cm的薄片，再切成24条宽度约为1cm的小长条。取2根小长条，互相扭起来。

2. 再照如图所示的方式，卷起来。放在烤盘上，在温度38℃、湿度85%的条件下进行最后发酵，发酵到原来的约2倍大（大约1个小时）。

3. 在发酵好的面团上刷一层鸡蛋液。

4. 再撒上一些蜜红豆，放进预热好的烤箱烤焙。200℃，12分钟左右，至表面金黄即可。

01

02

03

04

迷你可颂

做面包，要用优雅的姿态

参考分量 21个

对高手来说，制作可颂面包并非难事。但对于刚学做面包的新手来说，这类起酥面包也许是一个噩梦。

用沾满面粉的手忙乱地擀折面皮，在面皮的漏油与回缩之间焦头烂额，怎么也整不出满意的形状　　噢，NO,NO。这不是我们想要的状态。自己制作面包，应该是一件惬意的事情。轻松而细致地做好每一道工序，游刃有余地让材料在手里渐渐成型，用带着不经意微笑的嘴角去迎接烘焙时候满屋的飘香。

本书详细地介绍了制作丹麦面包面团的方法。跟随着详细的步骤图，充分注意其中的细节，一步一步，从迷你可颂练手吧。

准备好了做一个面包高手吗？你，没有问题！

制作过程

1.把丹麦面团擀成厚0.4cm的薄片以后，用刀切成底边长5cm、高11cm的等腰小三角形。

2.在小三角形的底边正中切一刀。

3.把切好的底边翻上来，慢慢往上卷。如图所示。

4.快卷好的时候，在顶部的小尖上刷一层全蛋液，然后完全卷起来。

5.把卷好的小牛角排放在烤盘上，每个牛角之间留出一点空隙。在38℃、湿度85%的条件下进行最后发酵，发酵到原来的约2倍大（大约40分钟~1个小时）。

6.最后发酵好的面团，在表面刷一层全蛋液，放进预热好200℃的烤箱，烤焙10分钟左右，表面金黄色即可。

配料

丹麦面包面团1份（制作过程见124页），全蛋液适量（刷表面）

烤焙

烤箱中层，上下火200℃，10分钟左右，至表面金黄色即可

0失败 TIPS

/ 切割面团的时候，最好用锋利的刀，太钝的刀不易切断，会导致各层的面皮粘合在一起，影响分层。

2 烤可颂面包的时候，有少许油脂漏出来是正常的，但如果有很多油脂漏出来，表示丹麦面包面团制作过程不正确、黄油分层不均匀或者分层较厚，需要重新制作丹麦面包面团。

01　02　03　04　05　06

面包为什么不能冷藏？

相对于大部分饼干和蛋糕来说，面包的保质期是最短的。面包的变质，一般是变硬变粗糙、发霉、馅料腐坏等，往往最常见的原因就是第一个：变硬变粗糙导致口感变差。而引起这一变化的原因，就是淀粉的老化。

很多人觉得将面包放进冰箱冷藏，能让面包保存更长时间。但从现在开始，可千万别这么做了。

淀粉的老化反应从面包出炉的那一刻就开始了，在室温下，淀粉老化得比较缓慢，在较低温度的时候，老化反应会大大加速。

所以，冷藏会加速面包中淀粉的老化，使面包干硬、粗糙、口感差。淀粉的老化反应是不可逆的，一旦面包变"老"了，即使重新加热后面包会再度变软一点，也不可能恢复之前的松软。

那么，我们新鲜制作的面包，如何保存呢？刚出炉的面包，放在冷却架上冷却到和手心温度差不多的时候，放进大号保鲜袋。将保鲜袋的口扎起来，放在室温下即可。

不过，需要注意的是，有一些面包，如冷加工的调理面包、加了易变质的水果或淡奶油的面包，为了延长保存期，有时候只能以牺牲口感为代价，将面包冷藏保存了。

一般的面包，在常温下能保存2~3天，高油脂含量的面包保质期会更长一些。但含肉馅的面包（如热狗面包），保存时间最好不要超过1天，应尽快吃完，以免馅料腐坏变质。

如果你想让面包保存更长时间，可以试一试"冷冻保存法"。

虽然低温会加速淀粉的老化，但当温度降低到0℃以下的时候，淀粉的老化作用就大大放缓了。

所以，把面包放在保鲜袋以后，放进冰箱冷冻室急速冷冻到－18℃，可以延长面

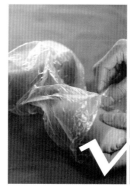

包的保质期。要吃的时候取出来，在面包表面喷点水，重新烘烤解冻（烤箱温度用100℃~120℃，时间视面包大小而不等），或者放进微波炉解冻后再用烤箱稍微烘烤一下，就可以吃了。

用冷冻保存法，面包能保存2个星期左右。但必须注意，只有不含馅的面包才适合冷冻保存，如吐司面包、牛角面包、硬壳面包等。

派塔类的甜品口感甜蜜，酥脆的饼皮与香甜的馅料配合起来，总能让人感觉惬意。在制作了饼干、蛋糕、面包以后，我们可以尝试尝试派与塔的制作，点缀那份在惬意午后悠闲享受的浪漫时光。

Part 5
派、塔及其他点心

休闲时光里的浪漫甜品

如果你喜欢在午后的暖暖阳光里坐着喝喝茶，听听音乐，装装小资，那么一块刚出炉的派用来点缀再合适不过了。

派（pie）是一种很美式的甜品，在欧洲也非常流行。可以这么说——在西方国家里，派几乎如同我们的家常便饭一般常见。然而在中国，可能因为饮食习惯的问题，派还没有大范围的流行。说到派，不得不说说塔(tart)。塔和派的定义非常类似，都主要由"皮"和"馅"两个部分构成。习惯上，我们把顶部被饼皮覆盖的馅饼称为"派"，而馅料外露的则称为"塔"。

但是随着越来越多人把那些馅料外露的馅饼也称为"派"，"塔"开始特指大型的、顶部凹陷而且四周饼皮与底部垂直的馅饼，以及小巧的、直径在10cm以下的小型水果馅饼。比如蛋塔就是小型"塔"的一种，无论是港式蛋塔、葡式蛋塔，在国内都非常地受欢迎。

因为塔和派的性质接近，所以塔皮与派皮一般都可以通用，制作香甜樱桃塔的塔皮，同样可以作为制作草莓派的派皮。派塔类的甜品非常甜蜜，酥脆的饼皮与香甜的馅料配合起来，总能让人感觉惬意。在制作了饼干、蛋糕、面包以后，我们可以尝试尝试派与塔的制作，点缀那份在惬意午后悠闲享受的浪漫时光。

除了派、塔以外，在本篇的后半部分，还附带了几款其他类型的休闲甜点，如英式点心司康，以及现在同样很受欢迎的泡芙等。尽情享受这休闲一刻吧！

千层酥皮面团

参考分量 1 份

烘焙爱好者的必修课

　　当你咬下葡式蛋塔那层层酥脆的塔皮的时候，是否曾倾心于这种有着数不清的层数且满口香酥的口感？

　　葡式蛋塔的塔皮由千层酥皮制作而成。千层酥皮需要在面团中裹入黄油(或玛琪琳)，经过反复折叠，才能做成。这对于烘焙初学者来说，是一件难度很大的事儿。

　　千层酥皮的制作，是糕点的基础，任何一个喜爱烘焙的人都不应该放过，它不仅可以用来制作葡式蛋塔，还可以制作各种酥皮点心、千层酥皮派等，有着极为丰富的应用。在西点店里，用千层酥皮制作的点心总是最引人注目的点心之一。所以，虽然具有挑战性，但这是门必修课哦。

　　千层酥皮的原理在于，于面团中裹入油脂，经过反复折叠，形成数百层面皮－黄油－面皮的分层。在烘焙的时候，面皮中的水分受高温汽化，面皮在水蒸气的冲击作用下膨胀开来，形成层次分明又香酥可口的酥皮。

▌配料

低筋面粉220g，高筋面粉30g，黄油40g，细砂糖5g，盐1.5g，水125g，黄油180g(裹入用)

▌制作过程

1.面粉和糖、盐混合，将40g黄油放于室温使其软化，加入面粉混合物中。

2.倒入清水，揉成面团。水不要一次全部倒入，而是需要根据面团的软硬度酌情添加。

3.揉成光滑的面团。用保鲜膜包好，放进冰箱冷藏松弛20分钟。

4.把180g裹入用的黄油切成小片，放入保鲜袋排好。

5.用擀面杖把黄油压成厚薄均匀的一大片薄片。这时候黄油会有轻微软化，放入冰箱冷藏至重新变硬。

6.把松弛好的面团取出来，案板上施一层防粘薄粉，把面团放在案板上，擀成长方形，长度约为黄油薄片宽度的3倍，宽比黄油薄片的长度稍长一点。

7.把冷藏变硬的黄油薄片取出来，撕去保鲜膜。

8.把黄油薄片放在长方形面片中央。

9.把面片的一端向中央翻过来，盖在黄油薄片上。

10.把面片的另一端也翻过来。这样就把黄油薄片包裹在面片里了。

配料

01
02
03
04
05
06
07
08
09

把面片的一端压死，手沿着面片的一端贴着面片向另一端移过去，把面片中的气泡从另一端赶出来，避免把气泡包在面片里。

11. 手移到另一端时，把另一端也压死。

12. 把面片旋转90°。

13. 用擀面杖再次擀成长方形。擀的时候，由中心向四个角的方向擀，容易擀成规则的长方形。

14. 擀好以后的长方形如图。

15. 将面片的一端向中心折过来。

16. 将面片的另一端也向中心翻折过来。

17. 再把折好的面片对折。这样就完成了第一轮的4折。

18. 4折好的面片，包上保鲜膜，放入冰箱冷藏松弛20分钟左右。

19. 将松弛好的面片拿出来，重复第13~17步，再进行两轮4折。一共进行三轮4折。

20. 这是第三轮4折完成后的面片。

21. 把三轮4折完成的面片擀开成厚度约0.3cm的长方形，千层酥皮就做好了。

⊘ 失败前前前志

1 这是一种非常适合家庭的千层酥皮做法。对于家庭制作而言，不推荐使用玛琪琳/人造黄油来制作千层酥皮，虽然玛琪琳没有黄油容易熔化，会使制作简单许多，但这样做出来的千层酥皮无论口感还是健康度都无法与用黄油制作的相提并论。在商业上批量制作的时候，因为黄油不易控制，操作困难，成本高，所以不常采用。但家庭制作，应该完全以自己动手的乐趣和吃得健康为主。

2 裹入用的黄油必须使用冷藏状态下比较坚硬的块状黄油，不能使用在冷藏状态下也很软的涂抹用软质黄油哦。

3 天气热的时候，黄油很容易熔化，可以在180g黄油中添加22g高筋面粉，用来吸收黄油中的水分，使黄油变得容易操作。（具体方法为：将180g黄油室温软化后，加入22g面粉，用搅拌工具搅拌到混合均匀，放入冰箱重新冻硬，即可按正常的步骤进行。）

4 松弛指的是将面团静置一会儿，使面团舒展，变得容易擀开，不回缩。并非每折叠一次都需要松弛，应该根据面团的状态来决定，如果面团比较容易擀开，则可以连续折叠两次后再松弛。但如果面团不易擀开或者黄油变软开始漏油，则需要马上进行冷藏松弛。

5 千层酥皮做好后，可以在表面撒上一层干粉(防止卷起后粘合)，然后卷起来放进冰箱冷藏，可以保存一个星期左右。使用的时候在室温下放置一会儿，待酥皮变软后就可以打开使用(如果做蛋塔就不用打开了)。如需保存更长时间，可以放入冷冻室冷冻，可以保存一个月甚至更长时间，使用前室温化开即可。

6 千层酥皮制作的点心，在烤的过程中，有少量油脂漏出是正常的，但是，如果有很多油脂漏出来，则说明酥皮的制作失败，分层未能达到极薄且层层分明，或者擀制的时候油脂层分布不均，建议重新制作。

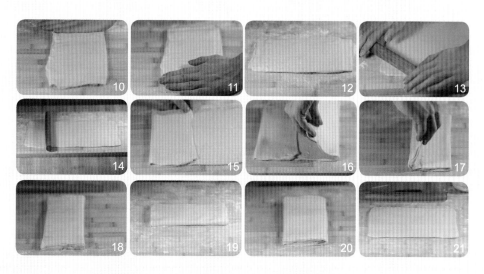

木瓜蛋塔(葡式蛋塔)

参考分量 24个

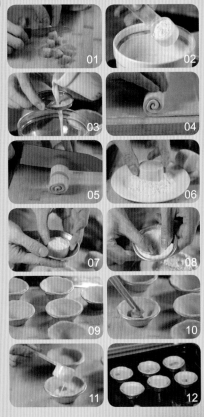

▌配料

蛋塔皮: 千层酥皮面团1份（制作方法见132页）
蛋塔水: 淡奶油220g，牛奶160g，细砂糖80g，
蛋黄4个，低筋面粉15g，炼乳15g，木瓜适量

▌烤焙

烤箱中层，上下火，210℃，25分钟

▌制作过程

1~3. 准备木瓜果肉与蛋塔水。将木瓜削皮切成小丁。在碗中倒入淡奶油、牛奶、细砂糖、炼乳，加热并不断搅拌，直到细砂糖全部溶解。冷却至室温后，加入鸡蛋黄和低筋面粉，搅拌均匀后，过筛即成蛋塔水。放一旁备用。

4. 将擀成0.3cm厚的千层酥皮卷起来，放入冰箱冷藏30分钟。

5. 将冷藏好后的千层酥皮卷拿出来切成厚1.5cm的小卷。

6. 拿起一个小卷，在面粉里蘸一下。

7. 放入蛋塔模，沾面粉的一面朝上。

8. 用两个大拇指把小卷捏成蛋塔模的形状。

9. 捏好后的蛋塔皮静置松弛20分钟。

10. 在每一个蛋塔底部放上2~3块木瓜丁。

11. 倒入蛋塔水，七分满即可。

12. 装入烤盘，放入预热好的烤箱烤焙，210℃，25分钟左右，烤至蛋塔水表面出现焦斑即可。出炉后，可在蛋塔表面再点缀上2块新鲜的木瓜丁。

❶失败TIPS

1 因为塔皮烤熟后会膨胀，所以蛋塔水只需要装到七分满。

2 塔皮捏好后，需要静置20分钟，再倒入蛋塔水并烘焙。否则塔皮在烤制过程中会严重回缩，导致蛋塔水溢出，功亏一篑。

3 捏塔皮的时候，底部要尽量捏薄一点，不然底部口感会比较湿，不酥脆。

4 制作蛋塔水的时候，加热淡奶油与牛奶是为了让细砂糖彻底溶解。如果用糖粉，可以不加热，直接搅拌均匀。为了保证蛋塔水烤出漂亮的光泽，一定要过筛以后再使用。

5 如果烤了较长时间还没有烤出焦斑，可以把烤盘移到

上层再烤一会儿。或者如果烤箱有灼色(broil)功能，可以用它加热蛋塔30秒~1分钟，即可出现焦斑。但注意千万不要烤糊了。

6 如果不放木瓜，就是原味的葡式蛋塔哈。

酥皮葡萄派

参考分量 4 个

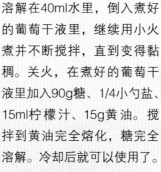

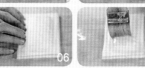

配料

千层酥皮面团1份（制作方法见132页），葡萄干馅1份，全蛋液适量

葡萄干馅配料：葡萄干280g，水240ml+40ml，细砂糖90g，玉米淀粉12g，盐1/4小勺(1.25ml)，柠檬汁15ml，黄油15g

烤焙

烤箱中层，上下火，200℃，25分钟左右，烤到表面微金黄色即可

制作方法

葡萄干馅制作方法：

280g葡萄干和240ml水放入锅内，煮开后，用小火继续煮5分钟。把12g玉米淀粉溶解在40ml水里，倒入煮好的葡萄干液里，继续用小火煮并不断搅拌，直到变得黏稠。关火，在煮好的葡萄干液里加入90g糖、1/4小勺盐、15ml柠檬汁、15g黄油。搅拌到黄油完全熔化，糖完全溶解。冷却后就可以使用了。

酥皮葡萄派的制作方法：

1.把千层酥皮面团擀成0.25cm左右的厚度，切成8个17cm×10cm的长方形(或切成你所希望的大小)。每两片可以制作一个派。先取其中两片。

2.用叉子在其中一片上均匀扎一些小孔，防止面皮在烤的时候鼓起。

3.在扎好的面皮中央填上1/4份葡萄干馅。注意要在面皮四周留出1.5cm左右的宽度。

4.在面皮周围刷上一层全蛋液。

5.盖上另外一层面皮。

6.用手轻压面皮周围，让两层面皮粘合在一起。

7.在面皮表面刷上一层全蛋液。

8.用薄而且锋利的刀片(如干净的刮胡刀片)在面皮上斜划3道刀口，划穿面皮，深及馅料。松弛15分钟后，放进预热200℃的烤箱，烤25分钟，烤到表面微金黄色即可。

0失败TIPS

∕葡萄干馅料的浓稠度，可以通过玉米淀粉的用量来调节。如果增加配方中玉米淀粉的用量，得到的葡萄干馅就会比较稠，相反，则会比较稀。

℮表面的刀口需要划穿面皮，一定要使用薄而且锋利的刀片来划。如果没有专用刀片的话，刮胡刀片是一个非常好的选择。

酥皮樱桃派

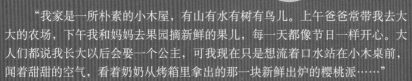

有些甜品值得我们用尽全力

参考分量 3 个 11×18cm

"我家是一所朴素的小木屋，有山有水有树有鸟儿。上午爸爸常带我去大大的农场，下午我和妈妈去果园摘新鲜的果儿，每一天都像节日一样开心。大人们都说我长大以后会娶一个公主，可我现在只是想流着口水站在小木桌前，闻着甜甜的空气，看着奶奶从烤箱里拿出的那一块新鲜出炉的樱桃派……"

偶尔，我会想起童年时候做过的大大小小的梦。梦里总有用糖果做的房子，巧克力围成的城堡，背上叉着刀叉的烤鹅，无忧无虑的快乐。我不知道一个会想起童话故事的男人算不算不够成熟，但在这人与人彼此距离越来越远的城市，曾经的傻乎乎的梦想显得弥足珍贵。

长大后的我迷上了做各种各样的点心，其实每一款点心都有一个简单的主题。我相信你也和我一样，看着倾尽自己心血的作品从烤箱里出炉，会露出微笑，开心得像个孩子。有人问我做出精巧漂亮的点心的诀窍是什么，我真的很难回答，因为，在你用尽全力做一款点心，只为了自己童年的梦时，那些所有的技巧、理论、方法都已经不重要，你已经拥有了最简单的诀窍——全心全意的投入。

童话里的那些快乐我们无从实现，公主或者王子距离太远，但我们却可以找回那一份流着口水站在小木桌边等待甜品的心情。如果你也和我一样，希望给自己一个童话世界，或者为别人建立一个童话世界，拿起你手中的工具吧，有些甜品值得我们用尽全力去做。

Part 1
烘焙
基础

Part 2
饼干

Part 3
蛋糕

Part 4
面包

Part 5
派、塔及
其他点心

配料

千层酥皮面团1份（制作方法见132页）

樱桃馅： 新鲜樱桃300g，糖100g，玉米淀粉3大勺(45ml)

表面刷液： 全蛋液适量

烤焙

烤箱中层，上下火，200℃，约30分钟，至表面金黄色

制作方法

1. 把樱桃洗净去核，加入糖和玉米淀粉。

2. 轻轻拌匀即成樱桃馅。

3. 把擀成0.3cm厚的千层酥皮切出一个11cmX18cm的长方形，再切出两条宽约1cm、长11cm的长条，和两条宽约1cm、长16cm的长条。

4. 在长方形面片的边缘刷一层全蛋液。

5. 把11cm长的长条粘在长方形面片上。

6. 把16cm长的长条也粘在面片上。

7. 如此就做成了一个长方形的派底。

8. 在中间填入樱桃馅。

9. 把剩余的千层酥皮擀成0.15cm厚的薄片，切出若干宽约1cm的长条，将这些长条在派上交叉地编织成网状，并剪去多余的边角。

10. 用全蛋液把长条和派底粘合在一起。

11. 在长条表面也刷上一层全蛋液，松弛20分钟，即可放入预热好的烤箱烤焙。200℃，约30分钟。

0失败TIPS

↗ 这是一种只有在家庭制作中才会使用的派的制作方法，所以，具有浓厚的"home made"风格，有别于外面卖的产品，是实实在在的"家庭手工烘焙"。

↗ 这种派皮的编织比较繁琐，且效率较低，因此一般只在家庭制作的时候使用。如果要制作较多的派，可以简单地将长条先由一个方向铺好，再从45°角铺上另一批长条，以形成交叉的网格。

↗ 这种使用新鲜水果直接作为馅料的方法也只限于家庭使用。因为新鲜水果很难控制汁液的浓稠度，并且烤后水果会回缩导致派表面不均匀，但却有其特殊的风格和原汁原味。

↗ 做第9步的时候，如果你的千层酥皮量够多的话，也可以不擀成0.15cm厚，而直接使用0.3cm厚的酥皮。这样做出的派表面网格线条也会呈现出明显的分层，但对编织网格的技术要求更高。两种方法的口感一样酥脆可口。

↗ 派入炉前，需要松弛20分钟，以免烤焙的时候回缩。

蓝莓酱乳酪派

配料

派皮：低筋面粉100g，黄油40g，细砂糖10g，水33g

乳酪馅：牛奶100g，动物性淡奶油60g，奶油奶酪100g，鸡蛋1个，细砂糖50g，低筋面粉25g，柠檬汁1小勺(5ml)

表面装饰：蓝莓酱适量

烤焙

烤箱中层，上下火，180℃，35分钟左右

制作过程

1.（请先参照"香酥草莓派"一文制作好派皮，141页）将奶油奶酪在室温下放置至比较柔软以后，加入糖，用打蛋器搅打，一直搅打到奶酪变得比较膨松顺滑，无颗粒。

2.在打发好的奶酪糊里加入鸡蛋，并继续搅打均匀。

3.倒入动物性淡奶油。

4.倒入牛奶和柠檬汁，并继续用打蛋器搅打均匀。

5.在搅打好的奶酪糊里倒入低筋面粉，并用橡皮刮刀翻拌均匀即成乳酪馅。

6.将派皮擀好放入派盘，用叉子在底部叉一些小孔，防止派皮烤焙的时候鼓起。

7.倒入乳酪馅至九成满，放入预热好的烤箱，180℃烤35分钟左右，直到乳酪馅凝固即可。烤好的乳酪派冷却后，在表面挤上两圈蓝莓酱。

○失败TIPS

⒈除了将奶油奶酪放在室温下软化外，也可以将盛奶油奶酪的碗坐在热水里，可以加速奶酪的软化。如果家里有食品料理机的话，更简单的方法是将所有乳酪馅的配料一次性倒入食品料理机打匀即成乳酪馅，非常快捷方便。

⒉蓝莓酱也可以换成自己喜欢的其他口味的果酱。

咖啡乳酪蛋塔

100%成功的蛋塔

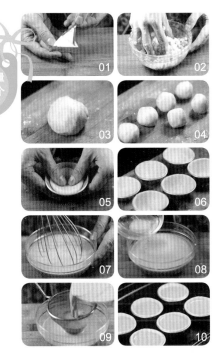

参考分量 6个

　　葡式蛋塔酥松的口感的确让人无法抗拒，但制作稍有难度。想吃蛋塔，其实也可以不那么麻烦。这里介绍一种不需要叠酥皮的极简版蛋塔。这种口感细腻柔滑、伴有乳酪的香味的蛋塔，在我周围深受欢迎，而且，制作时间短，随做随吃，堪称零失败率的蛋塔。

配料

蛋塔皮：面粉(中筋、低筋均可)80g，黄油60g，小三角奶酪2块
蛋塔水：牛奶130ml，鸡蛋40g，细砂糖30g，速溶咖啡粉1小包(1.8g)

烤焙

烤箱中层，上下火，200℃，约20分钟，烤至蛋塔水凝固

制作过程

1. 抓住小三角奶酪上的红线，把奶酪包装撕开。

2. 把黄油软化，和面粉、三角奶酪一起放入碗中，用手抓匀，抓到没有颗粒感。

3. 揉成一个光滑的面团。

4. 把面团分成6等份。

5. 取一个小面团，放进蛋塔模，用大拇指捏好。蛋塔模里不需要涂油。

6. 用同样的方法，把6个蛋塔皮都捏好。

7. 下面我们来制作蛋塔水。在牛奶中加入糖和速溶咖啡粉，搅拌至糖溶解。

8. 加入鸡蛋，搅拌均匀。

9. 为了保证烤好的蛋塔水细腻嫩滑，需要把蛋塔水过筛两次。

10. 将过筛后的蛋塔水倒入捏好的蛋塔皮，九成满。放入预热好的烤箱烤焙，200℃，20分钟左右，烤到蛋塔水凝固就可以了。

0失败TIPS

1. 小三角奶酪有很多品牌，在各大超市都有售，可以根据自己的喜好选择。你也可以用30g奶油奶酪代替。

2. 蛋塔模里不需要涂油，烤好后，蛋塔不会沾模具，可以很方便地脱模。

3. 如果喜欢原味的乳酪蛋塔，可以省略蛋塔水里的速溶咖啡粉。

4. 蛋塔趁热吃，更美味。

香酥草莓派

最无法抵挡的草莓诱惑

参考分量
6寸派 / 个

▌配料

派皮：低筋面粉100g，黄油40g，细砂糖10g，水33g

草莓馅：新鲜草莓150g，鸡蛋25g，细砂糖25g，牛奶40g，黄油20g，高筋面粉10g，盐1/4小勺(1.25ml)，杏仁香精数滴

杏仁酥粒：高筋面粉30g，黄油20g，美国大杏仁（切碎）25g，细砂糖10g

▌烤焙

烤箱中层，上下火，180℃，35分钟左右

┃制作过程

第一部分：派皮制作

1.黄油软化以后，倒入低筋面粉和细砂糖，用手把黄油和面粉不断揉搓，直到搓匀。

2.混合好的面粉看上去应该是像粗玉米粉的样子。

3.在面粉里加入水，揉成面团后，放在案板上松弛15分钟。

4.把松弛好的面团擀成薄片。

5.擀好的面片盖在派盘上。

6.用手轻压面片，使它和派盘贴合紧密。

7.用擀面杖在派盘上滚过，把多余的面片切断。

8.移去多余的面片，做好的派皮放在一边待用。

第二部分：杏仁酥粒的制作

9.黄油软化以后，加入细砂糖，搅拌均匀。

10.倒入面粉，再倒入杏仁碎，揉成面团。

11.揉好的面团放入冰箱冷冻至硬。

12.取出冻硬的面团，用手搓散，就成为颗粒状的杏仁酥粒了。

第三部分：草莓馅的制作

13.新鲜草莓洗净，切成小丁。

14.黄油隔水加热至熔化以后，倒入牛奶和细砂糖、盐，搅拌均匀，再加入高筋面粉，用打蛋器打成浑浊的混合物。

15.倒入鸡蛋，搅拌均匀。

16.加入几滴杏仁香精（没有可不放）。

17.把切好的草莓丁倒进混合物里。

18.搅拌均匀，草莓馅就做好了。

第四部分：香酥草莓派的制作

19.在派皮底部用叉子扎一些小孔，防止派皮烤的时候鼓起。

20.倒入草莓馅至九分满。

21.在派的表面撒上厚厚的杏仁酥粒。

22.把派盘放在烤盘上，送进预热好的烤箱，180℃烤35分钟左右，烤到酥粒变成金黄色，内部馅料凝固即可。

0失败TIPS

╱做派剩下的派皮，可以重新揉成团，擀开，切成小块（或用饼干模切出各种形状），放进烤箱用180℃烤15分钟左右，做成小饼干（口感不太甜，可以蘸果酱吃）。

╱做这款派，需要分别制作派皮、杏仁酥粒、草莓馅。可以灵活安排制作每一部分的顺序。

╱杏仁香精（Almond essence）在大型超市的进口调料货架上可以找到。一次只需要几滴就够，不要多放。如果买不到，可以省略不放。

╱这款派外层酥松可口，内馅香滑细嫩，咬下去，草莓的清甜加上杏仁的香气，非常好吃哦。

香甜樱桃塔

▌配料

塔皮： 低筋面粉100g，细砂糖15g，黄油50g，蛋黄8g，冷水25g，盐1g

塔馅： 新鲜樱桃300g，糖(25g+35g)，玉米淀粉10g，水(加滤出的汁液)100g，盐1g，柠檬汁5ml

▌烤焙

烤箱中层，上下火，190℃，约需要25~35分钟，至塔皮表面微黄，质地酥脆

参考分量
4个直径为
10cm的小塔

▍制作过程

樱桃馅的制作：

1.300g新鲜樱桃洗净去核。

2.加入25g糖，盖上盖腌制2个小时以上。

3.腌制好的樱桃，滤出汁液。滤干水的樱桃放一边备用。在滤出的汁液中添加冷水，使重量达到100g，成为果汁水。

4.在果汁水中加入玉米淀粉、盐、柠檬汁，剩下的35g糖，搅拌均匀。把混合均匀的果汁加热并不断搅拌，直到沸腾，成为浓稠的状态。把煮好的果汁趁热淋在滤干水的樱桃上，冷却后即成。

塔皮的制作：

5.面粉和糖一起过筛到盆里，加入软化的黄油。用手把黄油和面粉彻底揉开，搓成粗玉米粉的状态。

6.将蛋黄、冷水、盐混合均匀，使盐完全溶解。把混合好的蛋黄水倒入第5步的面粉中。

7.轻轻揉成面团。揉好的面团放冰箱中冷藏4小时以上(如果时间不够，也要至少冷藏1个小时)。

8.将冷藏好的面团取出，擀成薄片。

9.把薄片盖在塔盘上，用擀面杖滚过塔盘，将多余的边切断。

10.除去多余的边角。

11.在塔盘底部用叉子叉一些孔，以防止烤的时候底部鼓起。

12.放进预热好的烤箱，中层，190℃烘烤，至塔皮表面微黄，质地酥脆，约需要25~35分钟。烤好的塔皮冷却后，填入馅料即可。

❶失败TIPS

↙ 制作樱桃馅的时候，必须经过2个小时以上的腌制，才可以产生足量的汁液。如果没有时间，可以把新鲜樱桃加糖后，放入小锅里煮沸，能立即得到汁液。但樱桃经过烹煮，口感会和新鲜樱桃不一样，看个人喜好决定是否采用这种方法。

↙ 樱桃馅中加入柠檬汁，是因为塔馅里必须足够酸，才会具有应有的风味。如果你的樱桃是非常酸的那种，则可以省略柠檬汁。

↙ 这款塔皮面团特点是吸水性差，口感酥松，所以特别适合樱桃馅这种水分含量大的馅料，塔皮不会因为吸收水分变得湿软。但还是建议尽量在食用前再填入馅料哈。

↙ 塔皮面团的配料里加入了蛋黄，所以口味比一般的塔皮更好。如果你觉得蛋黄用后剩下的鸡蛋不好处理，不想用蛋黄，也可以用15g黄油代替8g蛋黄。

鲜奶油蜜桃派

参考分量
8寸派 1个

▌配料

派皮： 低筋面粉150g，黄油60g，细砂糖15g，水45g

鲜奶油蜜桃馅： 鲜桃350g(去核去皮后)，动物性淡奶油125g，细砂糖60g，玉米淀粉10g，鸡蛋1个，香草精1/2小勺(2.5ml)

酥粒： 黄油30g，细砂糖18g，红糖12g，低筋面粉60g

▌烤焙

烤箱中层，上下火，200℃，约40分钟，烤至派馅完全凝固

▌制作过程

第一部分：派皮制作

1.黄油软化以后，倒入低筋面粉和细砂糖，用手把黄油和面粉不断揉搓，直到搓匀。

2.混合好的面粉看上去应该是像粗玉米粉的样子。

3.在面粉里加入水，揉成面团后，放在案板上松弛15分钟。

4.把松弛好的面团擀成薄片。

5.将擀好的薄片放进8寸的蛋糕模里，压平整。

第二部分：酥粒制作

6.把软化的黄油、细砂糖、红糖、低筋面粉混合在一起。

7.用手把所有材料搓匀，搓成细碎、均匀的颗粒即成酥粒。

第三部分：鲜奶油蜜桃馅制作

8.鲜桃去核去皮以后，切成小丁。

9.动物性淡奶油、细砂糖、玉米淀粉混合并用打蛋器搅拌均匀。

10.倒入打散的鸡蛋，再倒入香草精，搅拌均匀。

11.把切成丁的桃肉倒进搅拌好的混合物中，拌匀即可。

第四部分：鲜奶油蜜桃派的制作

12.在派皮底部用小叉子扎一些小孔，防止派皮在烤的时候鼓起来，把鲜奶油蜜桃馅倒进派皮里。

13.在派馅的表面均匀撒满酥粒。

14.把蛋糕模放进烤盘，烤盘放入预热好的烤箱，200℃烤焙40分钟左右，直到派馅完全凝固。待派稍微冷却后脱模，用刀切块以后就可以享用了。趁热食用，口感最香酥。冷藏后食用，也别有一番滋味。

*0*失败TIPS

↗ 这款派制作的时候并没有使用派盘，而是使用一个8寸的圆形蛋糕模代替了派盘。这也告诉我们，其实在烘焙的时候，并不一定非要使用特定的工具才可以制作特定的西点，很多时候都可以灵活掌握。就如同制作pizza不一定需要pizza盘一样。

② 桃子去皮的小技巧：将桃浸泡在沸水里10～20秒。待桃皮发白的时候取出来，即可轻松去皮。

③ 要挑选坚硬的桃来制作这款派，不要使用已经发软的桃哈。建议选择不粘核的品种，方便去核。

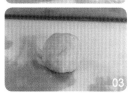

椰子塔

参考分量 4个直径为10cm的小塔

配料

塔皮： 低筋面粉130g，黄油50g，细砂糖15g，水45g

椰子馅： 鲜牛奶100g，鸡蛋2个，细砂糖50g，黄油65g，椰浆粉60g

烤焙

烤箱中上层，上下火，170℃，25分钟左右

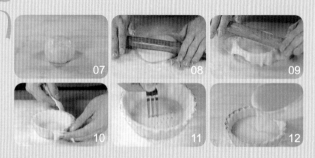

制作过程

1. 先制作椰子馅。将鸡蛋打散，加入牛奶。

2. 加入椰浆粉和细砂糖，并搅拌均匀。

3. 倒入熔化的黄油，搅拌均匀。

4. 静置30分钟以上，椰子馅就做好了。

5. 然后制作塔皮。把软化的黄油加细砂糖用筷子轻轻搅拌均匀，不要打发。倒入水，此时不要搅拌。

6. 筛入低筋面粉。

7. 用手捏合成面团后，静置松弛20分钟。

8. 案板上撒薄粉，把松弛好的面团在案板上擀成薄片。

9. 把薄片放在塔盘上，用擀面杖滚一圈。

10. 把多余的塔皮除去。

11. 在塔底部用叉子叉一些小孔，防止烤焙的时候底部鼓起。然后松弛20分钟。

12. 倒入椰子馅，八分满即可，放入预热好的烤箱，中上层，170℃，烤到塔馅凝固，表面呈焦黄色即可。

0失败TIPS

1. 椰浆粉(Coconut cream powder)是椰浆浓缩后制成的粉末。可以在大型超市的进口调料货架上买到。

2. 烤的时候一定要注意温度和时间，温度不能过高，烤得不能过头，否则椰子馅口感会很老，而且会开裂。

3. 烤好的椰子塔应该是表皮酥脆，内馅嫩滑。如果烤好后底部不酥脆，很软，可以脱模后放在烤箱下层用170℃再烤5分钟。

4. 塔皮需要松弛20分钟再装入馅料，可以防止烤焙的时候塔皮回缩。

果酱千层酥

要简单，也要精致

参考分量 21个

在千层酥皮面团的做法里，我曾经提到，千层酥皮有极为丰富的应用。这款小酥点便是千层酥皮最为简单的应用之一。它制作简单，任谁来说看图就会，实在是无需多言。但有那层层脆、片片酥的千层酥皮做保证，它的口感绝对不差。而且，说真的，虽然简单，要做到精致可不容易。精致的标准？——不变形，不走样，外形工整，层层分明——你不想挑战一下？

配料

千层酥皮面团1份(制作方法见132页)，果酱适量(草莓，蓝莓，黄桃或者任何你喜欢的口味)，全蛋液适量

烤焙

烤箱中层，上下火，200℃，15分钟左右

制作过程

1.把擀成0.3cm厚的千层酥皮分割成8cmX8cm的正方形形状(或者你喜欢的其他大小，但不能太小哈)。在切好的正方形面片上，用刀沿边缘约1cm处划4条道。

2.划好的样子如图所示。其中有两个角是不能连起来的哦。

3.在面片上刷一层全蛋液。

4.如图所示，将一边翻折过来。

5.把另一边也翻折过去，压紧。静置20分钟。

6.在表面再刷一层蛋液。

7.在中心放上一些果酱(我用的草莓果酱)。

8.放入预热好的烤箱烤焙。200℃，约15分钟，烤至表面微金黄即可。

0失败 TIPS

果酱可以在烤之前涂上，也可以在烤制完成以后再涂上。本文中使用的是第一种方法。而第二种方法适用于那些含水量不大，容易烤干烤糊的果酱。

千层酥皮需要静置20分钟再入烤箱，否则烤的时候容易回缩。

烤焙的时候，如果有少许漏油是正常现象，但如果漏的油很多，则说明千层酥皮没有做好、折叠次数不够或者折叠的时候擀得太厚。

要千层酥烤好后能保持工整的外形，千层酥皮擀制是关键，一定要做到厚薄均匀。

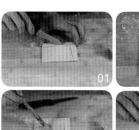
01

02

03

04

05

06

07

蝴蝶酥

全家老小都喜欢的甜点

蝴蝶酥，烘焙店里最常见的点心，也是卖得最火的点心之一。不管是大叔大妈，还是小朋友都爱吃。以前常去某个公车站等车，就看见很多男女老少排队在旁边的烘焙小店买蝴蝶酥，尤其是老太太们，一买便是一大袋子，酥脆可口，价廉物美。

回过头想想，在家制作又健康又美味的蝴蝶酥，既享受了烘焙的乐趣，也给一家老小吃个放心，何乐而不为？

友情提醒：蝴蝶酥及其他千层酥皮制作的点心热量都比较高，如果是老人、小孩食用，注意一次不要吃太多哦。

配料

千层酥皮面团1份（制作方法见132页），白砂糖适量，清水适量，黄油适量（刷烤盘）

烤焙

烤箱上层，上下火，200℃，20分钟左右，烤至微金黄色即可

制作过程

1.按照千层酥皮的制作方法做好千层酥皮，擀成0.3cm厚度以后，用刀切去不规整的边角，修整成长方形。

2.在千层酥皮上刷一层清水。

3.刷好清水后，稍等两三分钟，等千层酥皮表面产生黏性以后，在表面撒上一层白砂糖(粗粒的更好)。

4.沿着长边，把千层酥皮从两边向中心线卷起来。

5.卷好的样子如图所示。

6.用刀把卷好的千层酥皮切成厚度为0.6~1cm左右的小片。

7.切的时候小片会被压扁，用手轻捏它，把它修复成扁平状，排入烤盘(烤盘事先涂上一层黄油)。把烤盘放入预热好的烤箱上层，上下火200℃，20分钟左右，烤至微金黄色即可。

0失败TIPS

1 步骤第1步，长方形的千层酥皮，其长度没有固定要求，可以根据自己的喜好决定。不同大小的长方形可以做出不同大小的蝴蝶酥。

2 烤盘事先要涂油，或者使用防粘性较好的垫纸。

3 在烘焙的过程中，千层酥皮会膨胀开来，蝴蝶酥的体积会变大，所以烤盘上每个蝴蝶酥之间需要留有一定的间隔。

4 在烤的过程中，稍微有少量油脂漏出来是正常现象，但如果漏的油较多，则表示千层酥皮没有做好，分层不均匀。

杏仁酥条

参考分量 35条

吃起来就停不了的小零食

可别小看了这款看似简单的小酥条，友情提醒：看电视的时候，千万别吃，因为你会不知不觉把它们都吃光。我就是一个受害者，随手一根，不知不觉一盘全下了肚。

皆因实在是太香酥可口了！

配料

千层酥皮面团1份(制作方法见132页)，白砂糖适量，杏仁碎适量，全蛋液适量(刷表面)

烤焙

烤箱中层，上下火，200℃，15~20分钟，烤至金黄色

0失败TIPS

1 这款杏仁酥条，对分量的要求很随意，如果你的千层酥皮制作完其他的点心后有剩余，就可以用来制作它。
2 糖和杏仁碎的用量可以根据自己的喜好增减。
3 这款用千层酥皮制作的小点心，如果放置到第二天口感不酥了，可以放进烤箱，用170℃烤3～5分钟，就会重新变得酥脆了。

制作过程

1. 按照千层酥皮面团的制作方法做好千层酥皮，把千层酥皮面团切成宽约12cm的长方形。

2. 在千层酥皮上刷一层全蛋液。

3. 刷好全蛋液后，在表面撒上一层白砂糖。

4. 接着撒上杏仁碎(将带皮大杏仁直接切碎即可得到杏仁碎)。

5. 用擀面杖按压面皮表面，把杏仁碎和白砂糖都按到面皮里面去。

6. 将面皮翻面，另一面用同样的方法，刷蛋液，撒白砂糖和杏仁碎并按压。

7. 两面都沾上白砂糖和杏仁碎的千层酥皮，用刀切成1.5cm×12cm的长条。

8. 捏起一根长条的两端，将其拧成螺旋状。

9. 把拧好的长条排入烤盘，并将两端在烤盘上压紧，防止烤的时候螺旋打开。静置松弛15分钟后，放进预热好的烤箱，200℃，烤15~20分钟。烤到酥皮层次完全舒展开，表面呈金黄色即可。

01　02　03
04　05　06
07
08
09

羊角酥

参考分量 7 个

配料

千层酥皮面团1份（制作方法见132页），白砂糖适量，全蛋液适量(刷表面)，动物性淡奶油（植脂奶油或其他你喜欢的馅料）适量

烤焙

烤箱中层，上下火，200℃，15分钟左右，烤到表面金黄

制作过程

1.按照千层酥皮的制作方法做好千层酥皮，擀成0.3cm厚度以后，用刀切去不规整的边角，修整成长方形。然后切成宽2.5cm，长40cm的长条。

2.取一根长条，在其中一面上刷一层全蛋液。

3.拿起长条的一端，绕着螺管从尖端开始卷起来（刷蛋液的那面向外，螺管不需要涂油）。

4.一直卷到螺管末端。

5.卷好后，在表面撒上一层白砂糖，平放入烤盘（收口压在底部），放入预热到200℃的烤箱，中层，上下火，15分钟左右，烤到表面金黄。

6.烤好后，趁热把螺管抽出，等羊角酥完全冷却后，在中间填入打发的动物性淡奶油或者植脂奶油即可(植脂奶油本身含糖，如果是动物性淡奶油，需要根据各人口味加糖以后再打发。)

0 失败TIPS

1.制作羊角酥需要使用螺管工具，这是一种锥形的金属工具，烘焙工具店有售。

2.羊角酥内部填入的馅料可以根据自己的喜好来决定，除了打发的鲜奶油以外，你还可以填入卡仕达酱、浓稠的巧克力酱等。但不能用太稀的、会流动的馅料。

3.羊角酥烤好后，可以在吃之前再填入馅料。未填入馅料的羊角酥可以在室温干燥条件下保存5天到1个星期，但一旦填入卡仕达酱、打发的鲜奶油这一类馅料后，则必须放冰箱保存，并在24小时之内食用。

01
02
03
04
05
06

酥皮肉卷

参考分量 **2** 个

配料

千层酥皮面团半份（制作方法见132页），猪瘦肉馅300g，黄油30g，鸡蛋30g，白洋葱20g，大蒜2瓣，普通面粉15g，料酒1小勺(5ml)，黑胡椒粉1/2小勺(2.5ml)，盐1/2小勺(2.5ml)，辣椒粉1/2小勺(2.5ml)

烤焙

烤箱中层，上下火，200℃，30分钟左右

制作过程

1. 洋葱切成碎末，大蒜捣成蓉。把黄油熔化，倒入肉馅、打散的鸡蛋、面粉、料酒，顺同一个方向用力搅拌至上劲。再加入洋葱碎末、蒜蓉、黑胡椒粉、盐、辣椒粉，搅拌均匀。

2. 按照千层酥皮的制作方法做好千层酥皮(分量减半)。把千层酥皮擀成0.3cm厚的薄片，然后切成2块同样大小的长方形。把两块长方形面片叠起来。

3. 将叠好的长方形面片再次擀薄，要擀得比叠起来之前还要薄，约0.15cm厚。

4. 将擀好的面片切成两个25cmX35cm的长方形(或切成你喜欢的大小)。

5. 取一个长方形面片，在表面铺上第1步做好的猪肉馅，仔细涂抹均匀，周围留出1~2cm的范围不要涂。

6. 沿着较长的一条边卷起来。

7. 卷到末尾时，用毛刷沾水在末尾的面片上刷一些水，然后卷起来，收口向下放入烤盘。

8. 用同样的方法做好另一个肉卷。并在两个肉卷表面刷一层鸡蛋液，放进预热好200℃的烤箱，烤30分钟左右，表面金黄色即可。出炉后切成2cm宽的小卷，趁热吃最美味。

01　02

03　04　05

06　07　08

0失败TIPS

1 将2层千层酥皮叠起来，可以得到层次更多的酥皮(层次翻倍了)。将层次翻倍的酥皮擀到仅0.15cm厚度，让酥皮的分层更薄，从而达到更为酥松的效果。

2 这道肉卷里的肉馅，你也可以更换为你喜欢的其他肉馅配方，或者做成牛肉、羊肉馅，味道同样可口。

3 肉卷趁热吃最美味。如果凉了，可以用微波炉加热一下，或者放进烤箱重新烤几分钟。

绿茶酥

参考分量 20个

配料

水油皮： 中筋面粉150g，细砂糖35g，猪油40g，水60g

油酥： 低筋面粉100g，猪油50g，绿茶粉3g

馅料： 红豆沙馅(或绿茶馅)400g，分成20份

烤焙

烤箱中层，上下火，180℃，25分钟左右

▌制作过程

1.把150g中筋面粉、35g细砂糖、40g猪油、60g水混合揉成水油皮面团。需要稍微多揉一会儿，直到面团表面光滑。把100g低筋面粉、50g猪油、3g绿茶粉混合揉成油酥面团。两个面团分别静置松弛30分钟。

2.用手掌把水油皮面团压扁。

3.在压扁的水油皮面团上放上油酥面团。

4.用水油皮把油酥包起来。

5.包好的面团收口朝下，用手掌再次压扁。

6.在案板上撒一薄层面粉防粘，用擀面杖把面团擀成长方形。

7.把擀好的长方形面片一端向中心线翻折过来。

8.把另一端也向中心线翻折。

9.两端都翻折好的面片，再沿中心线对折(就类似我们平时叠被子)。

10.折好的面片转90°，横过来。

11.再次用擀面杖擀成长方形。

12.重复第7~9步，再一次折叠起来。折叠好的面片静置松弛20分钟。

13.松弛好的面团，横过来再次擀成长方形。

14.沿着长方形的一端，把面片卷起来。

15.卷起来的面团，用刀切成20份。

16.切开的面团，在切面可以看到绿白分明的线条。

17.把面团切面朝上，用手掌压扁后擀开成圆形的薄片。

18.包上馅料，收口。

19.把收口朝下放在烤盘里，放进预热好的烤箱烘烤。

●失败前后后

✓ 绿茶酥的起酥皮制作过程和千层酥皮非常类似。不同之处在于它比千层酥皮要简单许多。首先它比千层酥皮少了一轮4折，其次因为包入的是油酥，而不是直接包入油脂，所以基本不需要担心漏油。

✓ 如果内馅是用绿茶馅，则茶香味更浓。绿茶馅可以用白芸豆沙加绿茶粉调制。100g白芸豆沙加入2g左右的绿茶粉即可。绿茶粉在一般茶叶店都可以买到。

✓ 绿茶酥在烘焙的过程中变色不明显。一般来说，如果看到酥皮层次彻底地舒展开来，就表示烘焙好了。

✓ 配方里的猪油可以用等量黄油和植物油代替。但是猪油的起酥效果最好，黄油次之，植物油最差。如果要做出风味最好的酥点，最好还是使用猪油。

咸鲜酥条

参考分量
11寸方烤盘
2 盘

▌配料

油皮面团：普通面粉115g，植物油15g，麦芽糖25g，水50g，快速干酵母1.5g

油酥面团：玉米淀粉60g，黄油30g，盐4g

酥粒：普通面粉20g，黄油6g

表面刷液：鸡蛋液适量

▌烤焙

烤箱中层，上下火，先以200℃，烘烤10分钟，再将温度降到170℃，继续烘烤10分钟，至表面金黄色即可出炉

▌制作过程

1.将油皮面团的配料混合在一起，揉成面团后，放在温暖的地方发酵（表面加盖保鲜膜或湿布）。

2.发酵1个小时左右，直到体积变成2倍。用手挤压出面团里的气体，然后继续静置松弛15分钟。

3.把油酥面团的配料混合在一起，揉成面团。

4.松弛好的油皮面团，用手掌压扁，把油酥面团放在油皮面团上。

5.用油皮面团将油酥面团完整地包起来。

6.包好的面团收口向下，用手掌压扁，再用擀面杖擀成长方形。

7.擀好后，把长方形面片的两端沿着中心线对折过来。

8.沿着中心线再次对折(类似于我们早晨叠被子的步骤哈)。

9.将叠好的面片静置松弛20分钟，重新擀成长方形，重复第7~8步，再次4折起来。4折后，再次擀成长方形(一共进行了2次4折)。

10.酥粒的做法：把熔化的黄油和普通面粉拌匀，用手搓成细粒。

11.第9步擀好的面片切去边角，成为整齐的长方形。

12.在面片表面刷上一层鸡蛋液。

13.刷上鸡蛋液后，等待2分钟，待面皮表面产生黏性后，均匀撒上酥粒。

14.用刀将面皮切成长约8cm、宽约1cm的小长条。

15.将小长条两端捏起，拧一下成螺旋状，排入烤盘。每根小条间留出一定距离。全部排入烤盘后，静置松弛15分钟，放入预热200℃的烤箱烘烤。

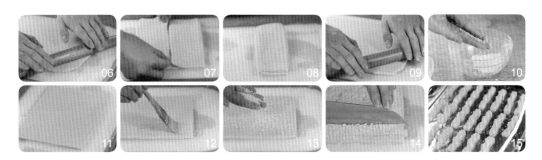

0失败TIPS

1. 配方中用到的普通面粉，即我们家里平时吃的面粉，如馒头粉、富强粉、饺子粉等等，都可以制作这款点心。
2. 制作油皮面团的时候，不要揉太长时间，揉成均匀光滑的面团就可以进行发酵了。
3. 这款酥条一共需要进行两次4折哦。
4. 麦芽糖很黏，难以称重，取麦芽糖的时候，可以把手指沾点水，直接去挖，麦芽糖就不会粘手了。
5. 麦芽糖可以用10g细砂糖代替，但同时要根据需要调整水的用量，揉成软硬适宜的面团即可。
6. 冷却后的酥条，请密封保存。

黄金枣泥卷

参考分量 *32*个

▌配料

高筋面粉150g，黄油80g，糖粉60g，鸡蛋20g，枣泥馅250g

表面装饰： 全蛋液适量，白芝麻适量

▌烤焙

烤箱中层，上下火，180℃，20~25分钟，至表面金黄

0失败TIPS

1. 这款枣泥卷儿，一开始的面团可能会很黏，不要急于操作，放到冰箱冷藏到比较硬的时候再进行下一步。擀面皮的时候，为防止面皮粘在案板上，可以撒一些干面粉防粘。

2. 枣泥馅也可以换成豆沙馅或者莲蓉馅，根据自己的需要做出各种不同口味的卷儿。

3. 这款小点心的外皮黄油含量较高，非常香酥，和一般西点店卖的类似产品味儿绝对不一样哦。

▌制作过程

1. 黄油软化以后，倒入糖粉拌匀，再倒入高筋面粉。

2. 用手把黄油和面粉搓匀，搓匀的面粉呈现粗玉米粉的状态。

3. 倒入打散的鸡蛋，并揉成面团。

4. 面团放入冰箱冷藏半小时左右。直到面团变得比较硬。

5. 视案板的大小，将面团分成2~3份。取1份面团，在案板上搓成长条。

6. 把长条擀开，用刀切去不规整的部分，修成规则的长方形。在长方形面片的中间挤上一长条枣泥馅。

7. 用面片将枣泥馅包裹起来，成为一个长长的圆柱形长条。

8. 在长条表面刷上一层鸡蛋液，再撒上一些白芝麻。

9. 用刀把长条切成长度相等的小段。

10. 把小段排放在烤盘上，烤盘放进预热好的烤箱，180℃烤20~25分钟，至表面金黄色即可出炉。

蔓越莓司康

传统英式点心

参考分量 *10* 块

司康(Scone)是一种传统的英式点心，如果归类，它应该属于简易面包一类，与本书的"丑怪小石头"系出同门。

但是，司康是一种更适合下午茶的点心。配上一杯红茶，感觉十分美妙。

司康最原始的造型是三角形。将面团擀开，切成三角形状放入烤箱烘焙即可。后来，司康的口味不断发展和改良，形状也不再是简单的三角形，可以做成圆形、方形甚至带花边的各种形状。

司康非常适合涂抹上果酱或者奶酪，配着红茶食用。除了当做茶点，作为每天早上的早点，也是很棒的选择。

配料

低筋面粉100g，细砂糖15g，盐1/4小勺(1.25ml)，黄油25g，全蛋液1大勺（15ml），牛奶45ml，蔓越莓干15g，泡打粉1小勺（约4g）
表面刷液：全蛋液适量

烤焙

烤箱中层，上下火，200℃，15分钟左右

0失败TIPS

1 将材料揉成面团时，不要过度揉捏，揉到面团表面光亮即可。过度揉捏会导致面筋生成过多，影响口感。

2 如果没有圆形切模，可以用刀直接把面片切成大小合适的三角形小块。

3 省略配方里的蔓越莓干，做出来的就是原味司康了。

制作过程

1. 低筋面粉和泡打粉、盐混合过筛。

2. 把糖、软化的黄油和第1步的粉类物混合，用手搓至黄油与面粉完全混合均匀。

3. 搓好的面粉呈粗玉米粉的状态。

4. 在面粉里加入全蛋液、牛奶，揉成面团。

5. 倒入蔓越莓干，轻轻揉30秒。

6. 揉好的面团表面光亮，不粘手。面团不要过度揉捏，以免面筋生成过多影响成品的口感。

7. 用擀面杖把面团擀成1.5cm厚的面片。

8. 在面片上用直径4.5cm的圆形切模切出圆面片。

9. 切好的圆面片排入烤盘，在表面刷一层全蛋液，放入预热200℃的烤箱，烤15分钟左右，至表面金黄色即可。

香草奶油泡芙

参考分量
视泡芙大小
而定

泡芙是一种膨松的中间空洞的小点心，里面填有香甜的馅料。最开始泡芙在国内并不流行，自从几家泡芙店火了以后，得益于广大西点店的纷纷效仿，泡芙现在绝对属于最热门的西点之一，到哪儿都少不了它的身影。

泡芙的外皮有着酥脆的口感，只有在吃之前才会填上馅料。因为如果过早填入馅料，外皮会吸收馅料里的水分而变得湿软。正规的泡芙店，只有当你购买泡芙前，才在里面填上新鲜的馅料，使泡芙保持最佳的口感。目前市面上有很多西点店为了省事，大多都是提前就将馅料填好摆在店铺里出售，以至于我们买到泡芙的时候，外皮都已经是软软的了。不幸的是，这样的泡芙吃得多了，大部分人认为这样的泡芙才是泡芙，反而把那些外皮酥脆的泡芙视为另类。

人们之所以喜欢泡芙，就是因为它除了酥脆可口的外皮以外，还可以在里面填上相当丰富的馅料。除了蛋乳泥、巧克力酱、打发的淡奶油等之外，还可以填上冰冰凉凉的冰淇淋。外表也可以粘上巧克力酱、撒上糖粉或者果仁等，形成丰富多彩的口感。

泡芙要好吃，除了馅料一定要美味，外皮也必须可口。好的泡芙，应该充分膨胀起来，外皮酥脆，内部有一个大大的空洞，用来填入更多的馅料。

所以，自己在家做泡芙，我们遇到的最直接的问题就是：怎么能让泡芙最好地膨胀起来呢？

OK，先来看看泡芙的制作过程，再一起分析吧。

配料

泡芙面团1份：低筋面粉100g，水160g，黄油80g(或色拉油70g)，糖1小勺(5ml)，盐1/2小勺(2.5ml)，鸡蛋3个左右

搭配馅料：香草奶油馅1份（制作方法见59页）

烤焙

烤箱中层，上下火，210℃烤焙10~15分钟，待泡芙膨胀定型后，将温度降到180℃，烤20~30分钟，直到泡芙表面呈黄褐色

制作过程

1. 水、盐、糖、黄油（或色拉油）一起放入锅里，用中火加热并稍稍搅拌，使油脂分布均匀。当煮至沸腾的时候，转小火，一次性倒入全部面粉。

2. 用木勺快速搅拌，使面粉和水完全混合在一起（制作的量少可以直接把四根筷子握在一起来搅拌）。一定要快速地搅拌。

3. 一直搅拌到面粉全部和水融合在一起，不粘锅以后，再关火，然后把锅从炉子上取下来了（此时面粉全部被烫熟了）。

4. 用筷子把面糊搅散，使面糊散热。等面糊冷却到不太烫手（温度约在60℃~65℃）的时候，就可以加入打散的鸡蛋液了。先加入少量鸡蛋液，完全搅拌到面糊把鸡蛋都吸收以后，再加下一次。

5. 此时一定要注意，配方里的鸡蛋不一定需要全部加入，加入鸡蛋以后，面糊会变得越来越湿润细滑。

6. 用筷子挑起面糊，面糊呈倒三角形状，尖角到底部的长度约4cm左右，并且不会滑落。这个程度就表示OK了，不用再继续加入鸡蛋。

7. 最省事的泡芙整形方法，就是用小勺直接挖起泡芙面团放在烤盘上(烤盘里垫上锡纸)。每个面团之间保持一定距离，以免面团膨胀后碰到一起。

8. 也可以用菊花形的裱花嘴把面糊挤在烤盘上。

这样烤出的泡芙表面有花纹。

9. 把烤盘送入预热210℃的烤箱，烤10~15分钟。当泡芙膨胀起来以后，把温度降低到180℃，继续烤20~30分钟，直到表面呈黄褐色就可以出炉了。一定要烤到位，否则泡芙出炉后会塌陷。烤的中途切记不要打开烤箱门。

10. 泡芙完全冷却后，在底部用手指挖一个洞，用小圆孔的裱花嘴插入，在里面打入馅料就可以吃了。

泡芙制作完成了，咱们回顾一下制作过程，再解决最开始提出的那个问题：怎么能让泡芙最好地膨胀起来？

我们首先必须要了解泡芙膨胀的原理。在制作过程中，我们有一个步骤是要将面粉烫熟。烫熟的淀粉发生糊化作用，能吸收更多的水分。同时糊化的淀粉具有包裹住空气的特性，在烘烤的时候，面团里的水分成为水蒸气，形成较强的蒸汽压力，将面皮撑开来，形成一个个鼓鼓的泡芙。因此，充足的水分是泡芙膨胀的原动力。在制作的时候，一定要将面粉烫熟，这是泡芙成功的关键之一。

泡芙面糊的干湿程度也直接影响了泡芙的成败。面糊太湿，泡芙不容易烤干，也不容易保持形状，烤出来的泡芙偏扁，表皮不酥脆，容易塌陷。面糊太干，泡芙膨胀力度减小，膨胀体积不大，表皮较厚，内部空洞小。

所以，我们在制作泡芙面团的时候，一定不能将鸡蛋一次性加入面糊，需要分次加入，直到泡芙面团达到完美的干湿程度。怎样的干湿程度最好？用木勺或者筷子挑起面糊，面糊呈倒三角形状，尖端离底部4cm左右，并且能保持形状不会滴落，就好了。这是泡芙成功的关键之二。

最后，泡芙烤制的温度和时间也非常关键。一开始用210℃的高温烤焙，使泡芙内部的水蒸气迅速爆发出来，让泡芙面团膨胀。待膨胀定型以后，改用180℃，将泡芙的水分烤干，泡芙出炉后才不会塌下去。烤至表面黄褐色就可以出炉了。烤制过程中，一定不能打开烤箱，因为膨胀中的泡芙如果温度骤降，是会塌下去的。正确的烤制温度和时间，是泡芙成功的关键之三。

泡芙制作的其他几个关键点

1 泡芙到底应该用高筋面粉还是低筋面粉来做？

无论高筋、低筋、中筋面粉都可以制作泡芙。但是低筋面粉的淀粉含量高，理论上糊化后吸水量大，膨胀的动力更强，在同等条件下做出的泡芙膨胀得会更大。当然，有时候这种差别不是那么容易感觉出来。

2 用黄油或者用色拉油对泡芙的成品质量有影响吗？

当然有影响。使用色拉油制作的泡芙外皮更薄，但也更容易变得柔软。使用黄油制作的泡芙外皮更加坚挺，更加完整，形状更好看，同时味道也更香。

3 有一种说法是泡芙烤好后必须在烤箱里冷却以后才能取出来，是不是这样呢？

并非这样。很多人为了防止泡芙塌陷，认为一定要泡芙在烤箱内冷却才取出来。但其实只要泡芙烤到位了，直接取出来也绝对不会塌陷。相反，如果必须使泡芙在烤箱里冷却再取出才不会塌陷，恰恰说明泡芙烤得还不到位。而且，这样也大大延长了烤箱的占用时间，影响效率。想想，如果你想连续烤2~3盘泡芙，每一次都必须等泡芙在烤箱里完全冷却，再重新预热烤箱烤下一盘，你需要多等多长时间？

4 泡芙里的鸡蛋起了什么作用？

鸡蛋对泡芙的品质有很大的影响。配方里鸡蛋越多，泡芙的外形会越坚挺，口感越香酥。如果减少鸡蛋用量，为了保证泡芙面糊的干湿度，就必须增加水分用量，这样的泡芙外皮较软，容易塌陷。

5 泡芙里的鸡蛋为什么要靠自己酌情加入，为什么不能像其他西点配方一样，给出一个定量来呢？

因为当我们煮沸水和搅拌面糊的时候，由于火力和时间的不一致，水分的挥发量也不一致，同时，不同的面粉的吸水性不一致，因此也影响到鸡蛋的使用量。相同分量的鸡蛋，到了每个人那里，制作出来的面糊干湿程度可能是不一样的，因此必须酌情添加，使面糊达到最佳干湿程度。

6 泡芙如何保存？

烤好的泡芙，如果不立刻吃，可用保鲜袋装起来，放在冰箱可以保存1个星期左右。吃之前，从冰箱取出，放入烤箱用180℃烤3~5分钟，重新把表皮烤至酥脆即可。

烘焙时常用的添加剂有哪些？

烘焙的时候，我们经常会用到食品添加剂。食品添加剂是一个很广泛的概念，所有为了改善食品品质和色、香、味、形、营养价值，以及为保存和加工工艺的需要而加入食品中的化学合成或者天然的物质，都称作食品添加剂。我们常用的盐，就是食品添加剂的一种。

添加剂种类很多，既有天然添加剂，也有人工合成添加剂。有些对身体绝对安全，有些则需要避免过量食用。但只要按国家标准添加的添加剂，都是可以放心食用的。

因为有了添加剂，糕点才呈现出丰富多彩的面貌——麦芬的膨松细腻，饼干的酥松可口。没有了泡打粉的传统法麦芬不过就是一死面疙瘩，酥死人的桃酥和普通硬饼干也不会有任何区别。简易面包、司康更不可能脱离泡打粉而存在，巧克力蛋糕没有小苏打就失去了黝黑诱人的光泽

现代人，在追求美味的同时，更追求健康。本书的所有配方，对于泡打粉等人工添加剂，都尽量避免过多使用，因此，根据本书的配方，可以放心制作你喜欢的糕点。

最后，一起认识一下烘焙时最常用的那几种添加剂吧：

泡打粉，又叫泡大粉、发酵粉、发粉等等，英文名叫baking powder，简称B.P.，是一种白色的粉末，在一般的超市都能买到。它通过化学反应释放出二氧化碳气体，让蛋糕或者饼干在烤焙的时候体积膨胀起来。泡打粉是一种复合膨松剂，一般由三个部分组成——碱剂、酸剂和填充剂。碱剂是碳酸氢钠，也就是小苏打。酸剂根据泡打粉的种类不同有很多种，也是调节泡打粉反应快慢的关键。填充剂一般是淀粉，它的作用是为了防止泡打粉里的碱剂与酸剂吸潮而过早发生反应。

苏打粉，英文名叫baking soda，简称B.S.，也是一种白色的粉末，它的成分就是碳酸氢钠，水溶液呈弱碱性，在65℃以上会开始分解，并释放出二氧化碳。

塔塔粉，一种酸性的白色粉末，主要成分是酒石酸钾，制作蛋糕的时候用来中和蛋白的碱性，帮助鸡蛋起泡打发。可以使天使蛋糕更为洁白。

蛋糕油，又叫SP，是一种蛋糕气泡乳化剂，多用来制作海绵类蛋糕，也用在某些饼干的制作上。

酵母，纯生物膨松剂，可放心食用。酵母菌在繁殖的过程中，会释放大量的二氧化碳气体，由此达到使面团胀大的效果。而且，在酵母发酵的同时，会产生酒精和乳酸等物质，这类物质在高温下生成带有香气的酯类物质，使烤出来的西点带有特有的风味与香味。制作面包，一般都少不了酵母。